广东省
海洋生物医药产业
集聚发展的机理、测度与效应研究

白福臣 罗帅 吴春萌 等著

中国财经出版传媒集团
经济科学出版社
Economic Science Press

图书在版编目（CIP）数据

广东省海洋生物医药产业集聚发展的机理、测度与效应研究/白福臣等著．—北京：经济科学出版社，2021.7

ISBN 978－7－5218－2659－3

Ⅰ．①广…　Ⅱ．①白…　Ⅲ．①海洋生物－制药工业－产业发展－研究－广东　Ⅳ．①F426.7

中国版本图书馆 CIP 数据核字（2021）第 129909 号

责任编辑：崔新艳
责任校对：李　建
责任印制：范　艳　张佳裕

广东省海洋生物医药产业集聚发展的机理、测度与效应研究
白福臣　罗　帅　吴春萌　等著
经济科学出版社出版、发行　新华书店经销
社址：北京市海淀区阜成路甲 28 号　邮编：100142
经管中心电话：010－88191335　发行部电话：010－88191522
网址：www.esp.com.cn
电子邮箱：espcxy@126.com
天猫网店：经济科学出版社旗舰店
网址：http://jjkxcbs.tmall.com
北京季蜂印刷有限公司印装
710×1000　16 开　12.75 印张　200000 字
2021 年 9 月第 1 版　2021 年 9 月第 1 次印刷
ISBN 978－7－5218－2659－3　定价：58.00 元
（图书出现印装问题，本社负责调换。电话：010－88191510）

本书受到广东省教育厅“创新强校工程”应用研究重大项目“广东海洋生物医药产业集聚度测度、机理与效应研究”（2017WZDXM013）和广东省海洋经济创新发展区域示范专项“广东省海洋生物产业评估决策与信息聚合服务平台”项目（GD2012 - D02 - 003）资助。

序 言

海洋生物医药产业历来属于海洋经济的重要领域。世界海洋领域所具备的丰富动植物资源，加上海洋生物所拥有的特殊活性物质和功能结构，为海洋生物医药产业发展提供了坚实基础与广阔空间。自 20 世纪 60 年代开始，以美国、日本为代表的海洋大国开始加强海洋生物医药产业发展。与其他海洋强国相比，中国海洋生物医药产业的发展历程较短，但发展速度较快。随着中国海洋强国战略的提出与落实，海洋经济发展得到社会各界广泛关注，加之社会人口老龄化等因素引致的医疗卫生需求增长，带动了海洋生物医药产业快速发展。2017 年国务院发布《全国海洋经济发展“十三五”规划》，要求大力发展海洋生物医药、海洋生物制品、海洋生物材料等产业；2018 年自然资源部出台《关于促进海洋经济高质量发展的实施意见》，将海洋创新药物、现代海洋中药产品、新型海洋生物功能制品的研发和产业化列为重点支持领域。在此情况下，海洋生物医药产业将成为未来海洋经济发展的重要方向与关键领域。

从中国海洋生物医药产业发展的区域情况来看，广东省具有较强的代表性。广东省属于海洋大省，具有优越的海洋资源，无论是海岸线长度、滩涂海域面积还是海洋生物物种，均位于全国省份前列。广东省海岸线长度为 3368.1 千米，海域总面积 42 万平方千米，海洋动植物资源品种繁多，包括浮游植物 406 种、浮游动物416种、底栖生物828种、游泳生物1297种。上述海洋资源条件为发展海洋生物医药产业提供了良好的基础。同时，为引导产业发展，广东省先后出台《广东省海洋经济发展“十三五”规划》《广东省加快发展海洋六大产业行动方案（2019－2021年）》等文件，将海洋生物医药产业列为海洋经济产业发展重点领域。在此情况下，广东省海洋生物医药产业得到迅速发展。2001～2019年，产业增加值从0.3亿元增长到3亿元，增长速度高于海洋经济其他产业，超过同期广东省GDP增长速度；生产了抗肿瘤海洋药物、抗病毒海洋药物、抗心脑血管疾病海洋药物、抗老年痴呆海洋药物、海洋保健品、海洋生物酶等多种产品；培育了广州蓝钥匙海洋生物工程有限公司、深圳海王集团股份有限公司、广东省海陵海洋生物药业有限公司、湛江市博康海洋生物有限公司等知名企业。推动广东省海洋生物医药产业有序发展，不仅对广东省海洋经济发展起到促进作用，同样将为其他地区产业发展提供启示。

目前广东省海洋生物医药产业发展需要解决集聚发展问题。实际上，该问题不仅属于重要的理论课题，同样属于急需攻克的实践难题。一方面，海洋生物医药产业特征要求集聚发展。该产业具有产业链复杂、涉及主体多、使用资源较多、基础设施依赖性强等特点；产业链条涉及农业、工业、商业三大经济领域，包含海洋药用生物采集、栽培、养殖、加工、销售等具体环节。因此，在海洋生物医药产业发展过程中，需要推动集聚发展模式，实现资本、人才、技术等经济要素的集约与优化配置，同时共享产业链运作所需要的基础设施，由此形成产业规模优势，提升产业竞争能力。另一方面，广东省海洋生物医药产业尚未实现有效集聚发展。目前广东省海洋生物医药产业集聚发展水平不高，产业发展过于分散，集聚发展效应未能显现；海洋生物产业发展速度较快，但没有形成区域性产业发展集群；行业企业主要分布在珠三角地区，同时在粤东、西、北部均有分布，地区分散程度仍然较高；产业发展缺乏完整系统的产业链，企业类型相对单一，上中下游企业结构不合理。在此情况下，如何解决广东省海洋生物医药产业集聚发展问题，将成为理论界与实务界关注的重要课题。

考虑上述背景，本书系统研究了广东省海洋生物医药产业集聚问题，分析了产业集聚的理论基础、水平测度、影响因素、经济效应与完善对策。期望通过上述分析，为海洋生物医药产业及海洋经济相关研究提供思路与借鉴，并弥补目前理论研究的部分不足；同时为广东省海洋生物医药产业发展及其他地区产业发展实践提供启示。具体来看，与以往研究相比，本书有以下贡献。

第一，系统分析海洋生物医药产业集聚的理论基础。本书综合考虑海洋经济理论、产业集聚发展理论、海洋生物医药产业相关研究等内容，系统探讨海洋生物医药产业集聚的理论渊源、理论模型与测度方法，全面阐释了该课题的理论发展脉络与主要成果。

第二，全面阐释海洋生物医药产业集聚的理论机理。本书在考虑海洋生物医药产业行业特征的基础上，结合产业集聚理论模型，构建海洋生物医药产业集聚影响因素分析框架，探讨禀赋资源、市场需求、规模经济等因素的影响效果；构建海洋生物医药产业集聚经济效应分析框架，考察其经济增长效应、技术创新效应、FDI 聚集效应等影响。

第三，测度广东省海洋生物医药产业的集聚水平与影响因素。本书利用广东省地区经济社会发展、海洋经济产业、海洋生物医药产业数据，采用区位熵指数等衡量指标，对广东省海洋生物医药产业的集聚发展程度进行测评与比较；利用回归分析等方法，具体考察影响广东省海洋生物医药产业集聚的外部因素。

第四，实证检验广东省海洋生物产业集聚发展的影响效应。本书利用广东省地区经济社会发展、海洋经济产业、海洋生物医药产业等数据，通过单位根检验、脉冲响应函数、方差分解分析等方法，具体考察海洋生物医药产业集聚发展所导致的经济增长效应、技术创新效应与FDI聚集效应。

第五，提出了完善广东省海洋生物医药产业集聚发展的系统思路。本书在前期深入研究的基础上，提出推动海洋生物医药产业集聚发展的指导思想、总体目标、重点方向与具体对策，具有较强的可操作性与实践价值。

本书是广东省教育厅“创新强校工程”应用研究重大项目（2017WZDXM013）和广东省海洋经济创新发展区域示范专项“广东省海洋生物产业评估决策与信息聚合服务平台”项目（GD2012－D02－003）研究成果，是项目团队集体智慧的结晶。项目负责人白福臣（广东海洋大学管理学院）负责全书的整体策划、修改和定稿，主要撰稿人有罗帅（广东海洋大学经济学院）、吴春萌（湛江幼儿师范专科学校）和李菲（广东海洋大学审计处）。

由于研究时间和水平所限，本书难免存在错漏和不足，真诚希望读者不吝赐教。

作者

2021年5月于湛江

目 录

第一章　绪　　论

第一节　研究背景与意义

一、研究背景

（一）海洋生物医药产业属于重要的海洋战略性新兴产业

随着海洋强国战略不断实施，海洋经济在中国经济发展与社会发展中的重要性不断凸显。习近平总书记在党的十九大报告中明确指出："坚持陆海统筹，加快建设海洋强国。"随着陆地资源日益减少甚至枯竭，海洋生物资源成为经济发展与产业发展的重要源泉。在此背景下，中国海洋经济及其相关产业得到迅速发展。国家自然资源部统计公报显示，2019 年中国海洋生产总值 89415 亿元，同比增长 6.2%，海洋生产总值占国内生产总值的比重为 9.0%，占沿海地区生产总值的比重为 17.1%。从未来经济发展趋势来看，海洋经济将成为中国经济体系的重要组成部分，同时将在较长时间内保持较高增长速度。

海洋生物医药产业属于海洋经济体系中的重要战略性新兴产业。海洋生物医药产业是以海洋生物为原料或提取有效成分，进行海洋药品与海洋保健品的生产加工及制造活动。世界海洋领域所具有的丰富海洋动植物资源，加之海洋生物所拥有的特殊活性物质和功能结构，为海洋药物与海洋生物制品发展提供了良好的基础。在此情况下，海洋生物医药产业成为世界各国尤其是海洋强国争相竞争的重要产业领域。从 20 世纪 60 年代开始，海洋生物资源便成世界各国关注的焦点。1967 年美国召开第一次海洋药物国际学术讨论会；1988 年日本建立海洋生物技术研究所；美国、日本、瑞士等国先后在全球收集、筛选优质海洋生物资源，建立资源养殖基地，欧美、日本等国每年投入 100 亿美元用于开发海洋生物酶；美国强生、英国施乐辉等公司均投入巨资开发生物相容性海洋生物医用材料。①

近年来，中国海洋生物医药产业得到快速发展，表现出较强发展潜力。由于发展历史较短、发展基础较为薄弱、技术积累存在不足，中国海洋生物医药产业与其他海洋经济强国相比，仍然存在较大差距。但从近期发展情况来看，该产业得到社会各界高度重视，逐渐展现出良好的发展势头。2013 年国务院出台《生物产业发展规划》，要求加快海洋生物资源的产业化开发，重点发展绿色农用生物制剂、医用功能材料等海洋新产品；2017 年国家发展改革委员会与国家海洋局共同发布《全国海洋经济发展“十三五”规划》，要求重点支持具有自主知识产权、市场前景广阔的、健康安全的海洋创新药物，开发具有民族特色用法的现代海洋中药产品。在此背景下，2019 年中国海洋生物医药产业实现增加值 443 亿元，比上年增长 8.0%，成为海洋经济体系中发展速度较快的产业。从地方发展情况来看，广东、山东、浙江等诸多地区将海洋生物医药产业列为重要发展产业。

（二）广东省海洋生物医药产业发展仍然存在不足

广东省属于海洋资源大省，也是海洋经济大省。广东省具有丰富的海洋资源，无论是海岸线长度、滩涂海域面积还是海洋生物物种，均位于全国省份前列。从发展历程来看，广东省海洋经济发展历程较久，海洋经济配套产业相对齐备，海洋技术研发水平领先，成为全国海洋经济发展的重要地区。广东省自然资源厅发布的《广东海洋经济发展报告（2020）》显示，2019 年全省海洋生产总值 21059 亿元，同比增长 9.0%，占地区生产总值的 19.6%，占全国海洋生产总值的 23.6%。从发展历史来看，广东省海洋生产总值已经连续 25 年居全国首位，广东省成为全国海洋经济发展的核心地区。

广东省海洋经济发展形势良好，但海洋生物医药产业发展仍然存在不

① 世界范围内海洋生物医药产业规模已达数百亿美元，http://politics.people.com.cn/n/2015/0720/c70731-27328605.html.

足。相比于海洋经济其他产业，海洋生物医药产业发展较为滞后。2019 年全省海洋生物医药业增加值 3 亿元，仅占海洋经济附加值总额的 0.014%。与其他海洋产业如滨海旅游业、海洋化工业、海洋交通运输业相比，差距较为明显。值得注意的是，广东省海洋生物医药产业不仅体现为产业规模较小，同时表现出产业发展过于分散、集聚发展程度较低。总体来看，广东省海洋生物医药企业数量较多，但没有形成特定地区的相应产业发展集群。从地区分布来看，海洋生物医药企业主要分布在珠三角地区，同时在粤东、西、北部均有分布，地区分散程度仍然较高。从产业链构成来看，上述产业分布地区仍然缺乏完整系统的产业链构成，企业类型相对单一，上中下游企业结构不合理。同时，因为缺乏有效的海洋生物医药产业集聚发展，同样导致产业技术水平较低、产业生产效率不高、产品利润较低。在此情况下，海洋生物医药产业集聚水平较低，成为制约地区产业发展的重要因素。广东省各地区的海洋生物医药产业发展也面临众多问题，如地区发展不平衡、技术研发进展缓慢、缺乏完善的管理机制等问题，而产业集群的发展能够促进海洋生物医药产业的优化与升级。

二、研究意义

基于上述背景，本书选择广东省海洋生物医药产业集聚发展作为研究对象，从理论与实证两个层面出发，系统考察广东省海洋生物医药产业的集聚发展基础、集聚程度水平、集聚影响因素、集聚经济效应，将具有较强的理论价值与现实意义。期望通过研究，为广东省海洋生物医药发展提供相应理论依据，也为同领域理论研究开展提供借鉴。

（一）本书的理论价值

一方面，有利于夯实海洋生物医药产业研究的理论基础。海洋生物医药产业属于新兴发展产业，其理论研究相对较为薄弱。理论界关于该产业研究较为零散、理论基础欠缺、定量研究相对缺乏。本书分析生物医药产业发展情况，具体探讨产业特征与产业链构成、产业发展外部条件、产业集聚因素与效果、产业发展定位与对策。上述研究将为海洋生物医药产业研究提供系统的分析框架，有助于弥补理论界在该领域研究存在的不足。

另一方面，有利于推动产业集聚理论向海洋经济领域的拓展。产业集聚理论是产业经济学与产业发展理论的重要理论基础。从以往研究来看，学界主要利用该理论分析陆域经济发展情况，但在海洋经济分析中应用相对有限。本书以海洋生物医药产业为例，在比较陆域经济与海洋经济差异的情况下，系统分析该产业的集聚发展程度、集聚发展的影响因素、集聚发展的经济效应。上述分析不仅有利于实现产业集聚理论在海洋经济领域的有效应用，同时有利于在比较分析与实证研究开展过程中，实现对产业集聚理论的有效完善与拓展。

（二）本书的现实意义

第一，有利于推动广东省海洋生物医药产业稳定增长。本书针对广东省海洋生物医药产业进行具体分析，从理论与实证两个层面出发，系统考察海洋生物医药产业发展现状、存在问题及相应对策。上述研究有助于推动广东省海洋生物医药产业稳定发展，为该产业的未来发展规划与具体建设思路提供理论支撑，同时还为产业集聚发展模式开展提供启示。

第二，有助于促进广东省海洋经济快速发展。本书同样有助于推进广东省海洋经济快速发展，构建科学系统的产业经济发展体系。一方面，海洋生物医药产业属于海洋经济体系重要构成部分，针对该产业的系统研究能够推动总体产业发展。另一方面，本书中关于产业集聚发展的相应理论与方法能够拓展到广东省海洋经济其他产业发展过程中。

第三，有利于促进国家海洋经济发展与海洋强国战略落实。本书关于海洋经济及海洋经济产业发展的相应研究成果，同样能够有效拓展到其他海洋经济发展地区，为其海洋产业发展与产业结构调整提供启示。同时，本书关于海洋经济部分成果可视为海域经济分析与海洋经济发展思路的探讨，以为中国海洋经济发展和海洋战略实施提供借鉴。

第二节　研究思路与内容

一、研究思路

本书以广东省海洋生物医药产业集聚发展为研究对象，遵循“提出问题—分析问题—解决问题”的基本逻辑，系统考察产业集聚发展的基础条件、集聚发展的程度、集聚发展的影响因素和集聚发展的经济效应，并有针对性地提出促进集聚发展的对策。

在研究过程中，将从理论分析与实证分析两个方面出发进行具体探讨。一方面，结合产业发展理论、产业集聚理论、海洋经济发展理论等理论工具，对于海洋生物医药产业集聚发展问题进行理论探讨；另一方面，利用广东省海洋生物医药产业数据，利用区位熵指数、回归分析、格兰杰因果检验、脉冲响应分析等计量分析工具，进行产业集聚发展的实证检验。

二、研究内容

结合上述分析思路，本书共分为九章。各章具体研究内容如下。

第一章绪论。该部分用来分析研究开展的背景与意义，同时考察研究开展的思路与内容，并对国内外研究成果进行梳理与述评，最后分析本研究的特色与创新之处。

第二章海洋生物医药产业集聚的理论基础。一方面，对海洋生物医药产业相关概念进行界定；另一方面，分析研究开展的相应理论基础，具体包括产业集聚理论渊源、产业集聚具体理论模型、产业集聚测度方法。

第三章广东省海洋生物医药产业发展的总体情况。首先，分析广东省海洋生物医药产业的发展基础条件，包括禀赋资源、经济环境、政策环境、社会环境等。其次，描述广东省海洋生物医药产业的发展现状。最后，分析产业发展过程中存在的主要问题。

第四章广东省海洋生物医药产业发展的区域情况。对不同地区产业发展情况进行详细比较，重点分析广州市、湛江市、珠海市以及其他相关地市的海洋生物医药产业发展特征。

第五章海洋生物医药产业集聚的机理分析。首先，对海洋生物医药产业集聚的内涵、特征与类型进行分析。其次，探讨影响海洋生物医药产业集聚的相应因素，包括禀赋资源、市场需求、规模经济等。最后，考察海洋生物医药产业集聚所导致的经济效应，具体包括经济增长效应、技术创新效应、FDI 聚集效应。

第六章广东省海洋生物医药产业的集聚水平与影响因素。一方面，在选择相应测度方法与指标的情况下，对于广东省海洋生物医药产业的集聚发展程度进行有效测评与比较。另一方面，结合前述理论假设与计量分析方法，具体考察影响广东省海洋生物医药产业集聚的外部因素。

第七章广东省海洋生物医药产业集聚发展的影响效应。结合前述理论假设，利用广东省相应数据，通过相应计量分析方法，具体考察海洋生物医药产业集聚发展所导致的经济增长效应、技术创新效应与FDI聚集效应。

第八章海洋生物医药产业集聚发展的国内外经验借鉴。一方面，分析美国、日本、欧洲等地区在海洋生物医药产业集聚发展过程中的先进经验；另一方面，结合国内沿海经济省份如山东、广西、福建等地区数据，描述其产业集聚发展经验。

第九章促进广东省海洋生物医药产业集聚发展的思路与对策。首先，分析推动海洋生物医药产业集聚发展的指导思想、总体目标和重点方向。其次，提出相应完善对策，包括提升产业集聚程度、推动产业链条延伸、提高技术研发水平等。最后，分析产业集聚发展的保障措施，包括政策、人才、配套措施等。

第三节　研究方法与数据

一、研究方法

本研究在开展过程中采用理论分析与实证分析相结合的方式，综合使用文献回顾法、理论分析法、计量分析方法、案例分析法，对广东省海洋生物医药产业集聚发展问题进行系统考察。具体来看，所使用研究方法包括以下方面。

第一，文献回顾法。本研究通过文献回顾系统梳理理论研究成果，为研究开展提供理论支撑。如系统分析理论界关于产业集聚、海洋经济发展方面的理论成果，通过考察产业区理论、工业区理论、新经济地理学理论、产业竞争力理论等方面成果，为构建本研究基本分析框架提供基础。同时，在诸多实证研究开展过程中，系统考察理论界关于海洋生物医药产业集聚影响因素、产业集聚影响效应等方面成果，为本研究模型构建、指标选择、结果解释提供启示。

第二，计量分析方法。本研究在分析过程中广泛应用各种计量分析方法。如在分析海洋生物医药产业集聚影响因素的过程中，利用回归分析方式进行具体考察。在分析海洋生物医药产业集聚效应的过程中，使用单位根检验、格兰杰因果检验、脉冲响应分析、方差分解等具体计量分析方法。通过使用上述计量分析方法，能够实现海洋生物医药产业研究过程中的定量分析与定性分析相结合。

第三，案例分析法。本研究在分析过程中还使用案例分析法，用以具体考察特定地区、特定产业、特定企业的实际情况。如在分析广东省海洋生物医药产业发展情况的过程中，广泛使用企业案例、工业园区案例、产品案例，用以进行系统深入的情况说明。在分析国内外海洋生物医药产业发展经验的过程中，同样利用不同国家、不同地区的发展案例进行说明，以便更加详细具体地阐述其特征。

第四，其他理论分析方法。本研究同样广泛借鉴相关学科、相应理论的分析工具与方法。如在测度广东省海洋生物医药产业集聚发展程度的过程中，通过综合比较不同集聚测度方法，最终选择出区位熵指数进行衡量。在海洋生物医药产业集聚机理分析的过程中，则借鉴新经济地理学、区域技术创新理论的分析框架与思路，用以构建自身分析模型与框架。

二、研究数据

本研究开展过程中广泛使用海洋经济、海洋生物医药产业、地区经济发展等方面数据，同时大量使用相应企业、机构与产业园区的材料与数据。上述数据与材料主要源于如下方面。

第一，统计年鉴与公报数据。本书所涉及地区经济社会发展、海洋经济产业、海洋生物医药产业的数据，主要源于相关年份统计年鉴与统计公报。具体包括相关年份《中国统计年鉴》《广东统计年鉴》《中国海洋统计年鉴》等；相关年份《中国海洋经济统计公报》《广东海洋经济发展报告》《广东省国民经济和社会发展统计公报》。

第二，政府官方网站公布数据。本书所涉及海洋经济发展情况、海洋经济与产业发展政策等数据材料，主要源于相关政府部门官方网站公布数据。具体包括国家统计局网站、国家自然资源部网站、广东省政府网站、广东省自然资源厅网站、其他省市相关部门网站等。

第三，企业、机构、园区网站数据。本书所使用的海洋生物医药产业相应企业、机构与产业园区的材料与数据，主要源于相关企业机构官方网站公布数据。此外，部分研究数据则利用本研究课题组自身调查情况进行整理。

第四节　国内外研究述评

本节对国内外研究情况进行系统梳理，为后文研究提供理论基础。在研究成果梳理过程中，围绕本研究需要展开，具体分析海洋经济与海洋产业发展、产业集聚发展、海洋生物医药产业集聚三方面的成果。

一、国外研究情况

（一）海洋经济与海洋产业研究

早在20世纪50年代，人类从部分特殊海洋生物体分离具有特异生物活性化合物，为生物医药产业发展奠定良好基础，同时拉开海洋生物研究的序幕。从国际范围来看，以美国、日本为代表的海洋大国较早开始发展海洋生物医药产业，对于该领域的研究同样开展时间比较早。其中，美国是最早开始对海洋生物进行研究的国家。普拉特（Pratt，1947）等发表有关藻类特性的研究，系统比较总结绿藻、红藻、褐藻等藻类生物具有抗细菌活性的原理。罗森菲尔德（Rosenfeld，1952）系统分析60余种具有抗菌作用的海洋微生物，并将相关研究成果整理汇编。B. W. 霍尔斯特德（Halstead B. W.，1967）对深海海洋里有毒性生物的活体研究，将有关毒性物质总结记录，出版《世界海洋有毒和有毒腺的动物》著作。

20世纪70年代开始，学界开始集体研究海洋生物医药的价值或者海洋生物资源，诸多相关著作得以出现。巴斯洛（Baslow，1969）通过研究深海生物的药用性出版了《海洋药理学》；马丁（Martin，1973）在其研究基础上，加强研究海洋内的生物药用价值出版了《海洋生药学》；舍厄（Scheue，1973）则研究深海内有关天然活性生物产物的特性，出版《海洋天然产物化学》。上述关于海洋生物生物特性与药用价值的研究，不仅为学界理解海洋生物起到很好的启示作用，同样也为海洋生物医药产业发展提供了良好的借鉴作用。

20 世纪 80 年代后期开始，海洋生物医药产业得到迅速发展。该产业发展主要源于海洋开发相应技术的进步。随着人类社会在海洋生物资源开发技术方面的不断提高以及海洋深海的潜水能力不断提升，人类得以深入海底各个地区去寻找有用的生物资源。在此情况下，部分公司开始加强海洋生物医药产品的开发与生产。其中，欧洲最大的海洋生物医药企业 Pharma 公司利用自己独创的技术对深海生物资源进行开发研究，从海洋芋螺的活性特征中发明了镇痛药齐考诺肽和海鞘抗癌药。其后，涉及海洋生物医药的研究主要针对深海生物资源药物价值的开发，尤其是利用海洋相关资源解决对人类健康安危构成极度威胁的疾病问题，如恶性肿瘤、心血管疾病、肺结核等。

海洋生物医药产业研究在近期取得巨大进展。在海洋生物医药产品迅速发展的同时，相应的理论研究同样不断深入。从理论研究重点来看，学界不仅分析具体海洋生物医药特征与功能，同时从经济学视角来分析海洋生物医药产业发展规律。瓦内斯（Wanace，1997）首先从理论阐述国家海洋生物医药产业的发展历程，同时利用相应数据来分析各国产业发展趋势与发展规律。伏谷（Fusetani，2000）验证了卓有成效的海洋生物药物在美国实际使用的效果，认为海洋药物有巨大的发展潜力。艾玛（Emma，2001）认为海洋药物能够填补传统药物在医学难题中的空缺，海洋高科技产业的发展能有效地推动海洋药物研究深入的发展。伽马（Gamal，2010）认为可以将海藻分类为不同类别用以研究海洋有机物对药用试剂的影响，同时分析海藻在医疗卫生领域的实际应用和未来能产业化发展的趋势。马蒂娅·比安奇（Mattia Bianchi，2013）对海洋生物医药产业发展的路径展开了研究，其研究通过对生物医药知名企业进行联合创新调查，分析企业合作对象、组织模式等因素对技术创新的影响。奥西加（Osinga，1999）通过评估各类海洋生物资源及其工艺水平，认为目前可以实现商业化的只有藻类生物，其他海洋生物类别的工艺技术还需要继续发展。塔库尔（Thakur，2008）对海洋生物医药业的概念内涵进行了详细阐述，并对海洋基因工程和海洋生物制品的运用和用途领域进行了概括。伽马（2010）对海洋生物医药业进行了研究，认为产业获得迅速的发展与政府政策的推动密切相关。维杰谢卡拉（Wijesekara，2011）研究了海洋微藻的应用现状和前景，认为海洋有机物可能为药剂、食品、保健品等领域的发展带来新的资源。

（二）产业集聚发展研究

产业集聚与集群现象作为产业经济发展与竞争力研究的核心课题，一直是理论界研究的重点。亚当·斯密在其经典著作《国富论》中最早提出了分工与专业化的思想。其后学者围绕该领域进行系统研究，先后出现诸多理论成果，包括马歇尔的产业集聚理论、韦伯的区位理论、增长极理论、新产业区理论、新经济地理学中的产业集聚理论、新竞争优势经济学中的产业集群理论等。上述具体理论内容在后面章节中有详细说明。在此，将针对近期国外学界关于产业集聚问题的研究进行梳理。

第一，关于产业集聚与经济发展关系的研究。阿德里亚娜（Adriana，2015）认为创新成为产业集群发展的中心和关键因素。通过比较巴西两个地区的创新指数，发现创新指数和产业集聚区内企业存在联系，产业集群有利于技术创新、创新同样促进产业集聚发展。尤利娅（Yulia，2016）评估美国制造业集聚区的创新影响，发现集聚经济能够有效地促进国家经济快速增长。马蒂亚斯·布雷赫特（Matthias Braehert，2016）运用投入产出创新流程模型追溯原东德地区相对于原西德地区经济的结构性弱点，发现产业集聚不明显，从而缺乏强大集聚经济。

第二，关于产业集聚与竞争力关系的研究。伊姆克本（Imkben，2009）认为产业集群中企业通过共享市场，彼此联系同时互相竞争，集群内部各企业之间进行技术、知识、信息的相互交流，企业的创新能力得到增强，交易成本也会变低，能够形成产业集聚优势，从而有利于提升集群内企业的生产效率和经济效益，获得规模效益和聚集收益。阿米莉亚（Amelia，2016）对集群企业和非集群企业的生命周期进行划分，并对处于周期的不同阶段的企业绩效进行对比研究。沙图里（Greici Sarturi，2016）比较智利与巴西葡萄酒集聚产业的竞争力，考察两地区在 11 个集聚竞争力要素中的差异。纳奇亚潘·苏布拉曼尼亚（Nachiappan Subramanian，2016）分析中国产业集群竞争力，发现产业集群企业正面临经济全球化、资源匮乏、国际市场波动和金融不稳定性等挑战，需要加强协同物流、产业链扩张、金融扩张、创造力和创新力、企业间的合作、灵活供应链等方面能力。德瓦利（Dewally，2015）认为集聚区企业通过加强合作、增强创新能力来提高集聚国际竞争力。同时，产业集聚是工业化发展进程中的必然产物，各国间的经济交往加强、竞争、合作等因素都会促进产业的集聚形成。

第三，关于产业集群及其影响因素的实证研究。朱利安尼（Elisa Giuliani，2015）运用指数随机图模型，对智利葡萄酒集群历年数据进行分析，发现葡萄酒企业之间先有新知识联系，其后逐渐形成稳定的非正式的集群网络层次结构。任路亚（Ren Lua，2016）对中国六个城市区域进行实证研究，发现新兴集群对于同行业或集聚区的全要素生产力会有阻碍作用，成熟集群则产生积极影响。派克（Pyke，2016）分析发展中国家产业集聚现象，发现国家政策法规与经济战略会对产业集聚产生促进或阻碍作用。艾兹伯埃洛拉（Aitziber Elola，2017）对西班牙巴斯克自治区六种集聚区进行案例分析，研究公共政策在集群起源和演化中的作用，发现公共政策在集群生命周期中发挥间接作用。

（三）海洋产业集聚发展研究

部分学者分析海洋生物产业发展过程中的集群与集聚发展现象。上述研究围绕新西兰、芬兰、挪威、荷兰等国产业发展情况，通过产业结构比较、产业之间发展趋势分析、产业集聚外部因素考察等方式来进行，同时得出诸多有益成果。席通（Schittone，2001）对海洋旅游业和海洋渔业这两者之间的关系进行分析，并侧重于海域案例问题分析；赫尔（Herre，2004）对多个产业之间的相互关系进行分析和研究；韩国学者夸卡（Kwaka，2005）在分析海洋产业布局与产业关联时发现其前后间存在明显拉动效应，主要采用投入产出分析的方法。切蒂（Chetty，2002）对新西兰国家的海洋产业集群演化与国际竞争力之间的关系进行研究，认为两者之间存在动态关联关系；维塔南（Viitanen，2003）对 260 家芬兰海洋相关公私营企业或机构进行调研，发现上述企业机构主要以产业集群发展模式存在；贝尼托（Benito，2003）研究挪威海洋产业集群状况，发现导致企业机构快速发展的主要因素是创新因素；尼杰达姆（Nijdam，2004）分析荷兰海洋产业龙头企业发展情况，发现海洋企业与相关机构之间有着密切联系，集群发展优势明显。利祖卡（Lizuka，2003）考察智利渔业产业集群发展特征，发现其产业集群体系与地区特征、历史发展联系较少，因此应该建立产业集群与地方体系相互联系的统一标准。马扎罗尔（Mazzarol，2004）发现澳大利亚基本形成海洋产业集群发展特征，同时上述发展模式得到政府机构在诸多方面的支持。

还有部分研究则针对海洋经济产业集聚发展的影响因素进行分析。葛田（Fujita，1996）认为交通枢纽、天然港口等先天优势是海洋产业空间集聚的决定因素。克鲁格曼（Krugman，1993）分析芝加哥海洋产业的时空集聚过程，则发现自然优势对于产业集聚发展的影响效果较为短暂，其原因在于铁路等交通运输工具发展削弱港口重要性，同时人口、生产集中等后天因素则能够有效推进海洋产业集聚发展。与其研究成果类似，米德尔法特－克纳维克（Midelfart－Knarvik，2000）同样发现，欧洲的产业集聚大多源自需求引起的消费集中。

二、国内研究情况

（一）海洋生物医药产业研究

中国海洋生物医药产业尚处于起步发展阶段，研究成果仍然较为薄弱。从该领域发展历程来看，在改革开放之前，理论界关于海洋生物医药产业研究相对较少。改革开放之后，上述领域研究开始逐渐得到重视。特别是1979年中国第一届海洋生物药物座谈会的顺利召开，海洋生物医药产业引起了理论界与实务界的广泛关注。其后，诸多学者开展海洋生物医药相关研究。其中，胡月妹、卞如濂（1986）通过深入实地考察，针对浙江省海洋生物资源丰富的现状条件，提出开展研究海洋生物资源药物的建议，认为在后期发展中应该做好学术研究和资源共享工作。于志洁、褚新奇（1995）认为海洋生物应该广泛应用到食品与医药行业，同时提出关于海洋生物医药产业发展的相应对策。

中国海洋生物医药产业研究在近期得到快速发展。由于海洋发展战略与海洋经济发展得到社会各界的广泛关注，学术界同样开始加强对于海洋生物医药产业的研究，并取得了大量研究成果。学者们通过分析中国主要海洋经济省份的产业发展现状，结合国外先进经验借鉴，研究剖析中国海洋生物医药产业的发展现状与特征。吴皓（2002）系统分析江苏海洋医药的开发现状，研究该地区海洋医药产业发展过程中的问题与成因，同时提出相应发展建议。从俊杰等（2013）分析天津市海洋生物医药产业发展情况，针对发展中存在的问题，认为重点发展技术领域要因地制宜采取不同措施。顾劲松（2008）系统介绍欧洲地区在海洋生物医药产业发展过程中的经验，并对比辽宁省相应产业发展情况，提出辽宁省产业发展的相应对策。向云波、徐长乐（2011）比较海洋生物医药产业与其他优势主导产业，认为海洋生物医药产业属于极具研究潜力的海洋新兴产业，在其发展过程中应该立足于自主创新、依托科技医药园区与高水平实验室实现跨越式发展。张立军（2014）选取海洋生物资源、企业优势、科技人才、技术优势等影响因素，考察浙江海洋生物医药产业的发展现状，同时结合海洋经济示范区建设的政策契机，提出推动浙江省产业跨越发展的对策。王先磊（2020）重点研究海洋药物、海洋生物材料、海洋功能食品和海洋农用制剂等海洋生物医药相关产业，通过比较山东与国内外相关地区产业发展现状，分析山东海洋生物医药产业发展存在的问题和瓶颈。

部分学者在研究海洋生物医药产业发展过程中，利用相应数据与实证分析方法进行定量研究。学者们通过龚柏兹曲线、钻石模型、灰色关联模型、区位熵、回归分析等方法，具体探讨海洋生物医药产业的发展程度、影响因素、经济影响等问题。学界近期关于海洋生物医药产业的研究则逐渐发展到实证研究、地区研究。宁凌（2014）利用龚柏兹曲线，测算中国当前海洋生物医药产业发展阶段，针对其中存在的问题提出完善对策建议。韩立民、周乐萍（2013）研究海洋生物医药产业链，从横向和纵向两个角度出发，分析青岛市海洋生物医药产业链的构成与特征情况。吴欣、魏博（2014）利用 SWOT 分析方法，对厦门市海洋生物医药产业发展过程中的优势和劣势进行分析，将发展中的资源要素、政策等条件作为重点影响因素，最后提出产业发展的相应对策。白福臣（2015）利用钻石模型，分析海洋生物医药产业发展过程中的影响因素，提出包括加大科研投入、人才培养等对策。李红艳（2020）在系统考察中国海洋生物医药产业发展现状的基础上，利用灰色关联模型定量分析产业影响因子的贡献度，发现发明专利数、海洋生产总值、城镇居民人均医疗保健支出、科研经费收入等因素影响较大。

（二）产业集聚发展研究

国内学者围绕产业集聚机理展开诸多研究。其中，张西奎、胡蓓（2007）认为产业集群的人才聚集中存在着马太效应，区域人才的聚集度与区域人才的吸引力成正比。王琦、陈才（2008）阐述了产业集群与区域经济空间的耦合度理论，发现产业集群和区域经济空间的耦合度大小受产业集群的成长规律和区域经济发展的成熟度所影响，存在着一定的时序规律，且二者呈正相关。张秀武、胡日东（2008）利用 R&D 存量因素的知识生产函数，揭示了区域高新技术产业创新受到区域内的产业集群因素和区域间的知识溢出的显著影响。税伟、陈烈（2009）分析了迈克尔·波特的钻石模型理论，提出了将“区域文化”和“外来投资”纳入钻石模型的意见，采用钻石模型的分析方法，分析了产业集群生命周期理论，在此基础上构建了地方产业竞争力的微观分析框架。冉庆国（2009）对比了产业集群与产业链的理论研究，发现其都呈现网络状态并且存在着耦合关系，认为产业链与产业集群的双向作用关系，产业链起主导作用，而产业集群是产业链的载体。李明惠、雷良海等（2010）认为产业集群的发展能够推动社会技术进步和经济增长，产业集群中的技术创新动力机制能够促进产业集群的可持续发展，分别对产业集群中技术创新形成的动力、产业集群的技术扩散问题以及技术创新政策体系进行了研究，发现针对产业集群技术创新政策较少，一般集群甚至是落后集群的发展没有得到足够的重视。孙剑、龚自立（2010）通过对产业集群的发展状态和发展水平进行分析，构建了由产业集群结构的成熟度、产业集群规模的大小以及产业集群网络的成熟度在内的三维结构的产业集群成熟度的指标评价体系，认为影响产业集群能够充分发挥其集群效应的重要条件包括突出其特殊产业、加强产业集群间关联调控产业集群规模等。黄林（2011）提出产业集群核心价值链的培育是推动集群产业链不断扩张的重要因素，通过挖掘区域内部资源以及获取外部联系的方式能够有效提高产业集群核心价值。

部分研究则重点分析产业集聚的影响因素。当前中国产业集聚正在蓬勃发展，学者们研究不同产业集聚形成和发展的影响因素，进而提出有针对性的建议。樊秀峰、康晓琴（2013）运用 Panel - data 模型对陕西省 2006 ~2011 年制造业 28 个行业集聚度的影响因素做了实证研究，发现行业劳动力密集度、行业经济增长水平提升、运输成本降低、劳动生产率提高和规模经济对产业集聚有促进作用，而政府干预不利于产业的集聚。王猛、王有鑫（2015）利用 2003 ~2011 年中国 35 个大中城市数据对城市文化产业集聚的影响因素进行了考察，发现不同因素对城市文化产业集聚的影响存在着区域差异的现象。席晓宇等（2015）对我国生物医药产业集聚的空间影响因素进行探究，发现我国生物医药产业存在较明显的空间集聚性和空间正相关性，并认为应当加强政府宏观引导，发挥人力资源的优势，积极构建医药产业集聚区的协同与联动机制。李立（2016）发现在物流产业的集聚过程中，产业、交通、市场、政府、软硬件基础设施、劳动力成本等因素都是重要的影响因素。此外，纪玉俊（2016）、王凌（2016）、薛莹（2016）分别对渔业、服务业、旅游产业集聚因素进行了分析，并提出了发展对策。

部分研究则探讨产业集聚的经济效应。总体来看，产业集聚可以改善集聚区域居民生活水平，促进地区技术进步，增强区域产业竞争力，带来产业结构升级和区域经济增长等效应。甘益凤（2010）根据产业集聚理论和研究方法，对桂林旅游产业集聚水平和集聚效应进行了定性和定量研究，同时也测算了桂林旅游产业集聚的综合程度。蒋萍（2015）对中国文化产业的集聚效应进行具体测算，研究发现自然地理条件和文化资源禀赋对中国文化产业集聚的形成具有差异化的影响，运输条件和经济水平对中国文化产业集聚的形成具有关键性的作用，产业政策对中国文化产业集聚的影响作用正在逐渐减弱。张帆（2016）考察 2001 ~2013 年中国主要地区金融业集聚效应的变化情况，发现金融业的集聚效应具有明显的地域特征，经济发达地区的金融集聚效应明显，经济欠发达地区金融集聚效应不明显，但出现逐年增强的趋势。

（三）海洋产业集聚研究

部分研究探讨海洋经济产业集聚发展。在海洋经济集群方面，韩增林、王茂军等（2003）采用四种不同的系数指标，对我国海洋产业的空间聚集情况进行分析，发现中国海洋产业空间聚集程度较高但空间聚集的态势不同，同时指出海洋经济聚集的发展趋势。杨现茹、黄瑞芬（2008）构建经济计量模型，分析环渤海地区海洋产业集群以及其带动的技术集群为环渤海地区带来的经济效益。马雯月（2008）分析影响中国海洋经济增长的要素，认为海洋产业集聚发展能够推动海洋经济发展，同时能够促进海洋产业国际合作。方景清、张斌（2008）对我国海洋新兴产业集群进行研究，分析海洋新兴产业的战略地位，提出了海洋高新技术产业集群的激发机制，从而分析我国海洋高新技术产业集群的演化机制。马丽卿、胡卫伟（2009）探讨长三角地区海洋产业集群的形成原因，阐述其形成机理，并提出提高我国海洋产业集群竞争力的方法。宫美荣（2011）采取区位熵方法对辽宁省海洋产业集群水平与产业专业化的关联程度进行测算，发现海洋产业集群水平与产业专业化程度呈正相关，辽宁省海洋产业的专业化水平较高，并且海洋产业集群已经初步形成。纪玉俊（2012）认为空间集聚带来正面的集聚效应和负面的拥挤效应，相比陆域经济，海洋生态的相对脆弱性会使得拥挤效应更容易占据主导地位，从而使得中心地区的海洋资源被过度开发，而外围地区的海洋资源却得不到很好的利用。马仁锋等（2018）通过海洋产业集聚区位识别发现，浙江省海洋企业多分布于海岸线、工业园、港口和城市中心邻近地，具有明显的区位指向性，且集聚态势整体呈现中心集聚和外围分散的空间特征，集聚分布程度较高。杜军等（2016）对广东和山东海洋产业整体发展集聚态势研究发现，山东海洋产业集群发展基础较好，但海洋三次产业间集聚水平存在不平衡问题，海洋第三产业面临深度调整，产业集群存在退出、消亡、生成，以及整合转型的特点；广东海洋经济规模大于山东，但空间集聚程度要低于山东水平。纪玉俊、冯阔（2020）通过构建完全信息与不完全信息的动态博弈模型，分析我国双重政府博弈下的区域海洋产业集聚，发现产业集聚视角下的我国区域海洋经济发展需要进一步转变激励机制，加强综合管理与调控，通过集聚实现区域海洋经济的高质量发展。周慧榆、白福臣（2020）运用区位熵法分析广东海洋生物医药产业集聚水平；同时以区位熵值作为因变量，产业特性和区域特性作为自变量，构建广东省海洋生物医药产业影响因素分析模型进行了实证分析，最后提出针对性政策建议。

三、研究述评

综上可知，国内外学者围绕产业集聚、海洋经济、海洋生物医药产业展开研究，并取得部分有益成果。其中，理论界关于产业集聚研究的成果较为丰富。学者们围绕产业集聚内涵与特征、产业集聚影响因素、产业集聚经济效应等问题展开探讨，从理论与实证两个层面出发进行分析，得出诸多有益成果。与之相反，学界关于海洋经济与海洋生物医药产业研究的成果相对较少。现有研究主要分析海洋经济及相关产业发展历程、产业特征、产业之间相互关系、特定产业发展影响因素等问题。在研究开展过程中，由于数据限制及研究范式影响，大部分研究以定性分析与案例分析为主，仅有少数研究采用回归分析等定量分析模式。

值得注意的是，学界关于海洋生物医药产业及海洋生物医药产业集群发展的研究从总体来看，相应研究的成果数量不多、研究深入程度有限，且缺乏研究数据、系统理论框架作为支撑。具体来看，关于海洋生物医药产业集聚发展的机理分析相对缺乏，集聚发展影响因素与经济效应的定量分析同样欠缺。

基于上述背景，本书利用广东省海洋生物医药产业数据，结合理论界产业集聚发展理论与海洋经济发展理论，系统考察海洋生物医药产业集聚发展的程度、影响因素、经济效应与完善对策，因此具有较强的理论价值和现实意义。

第二章　海洋生物医药产业集聚的理论基础

本章具体分析海洋生物医药产业集聚的理论基础。首先，结合理论界研究成果，分析海洋生物医药产业的内涵与特征；其次，探讨海洋生物医药产业集聚的相应基础理论，包括新经济地理学理论、竞争优势理论、产业集聚创新理论、增长极理论等；最后，分析海洋生物医药产业集聚水平测度的相应工具，包括赫芬达尔指数、空间基尼系数、EG 指数等测度方法。

第一节　概念界定

一、海洋经济

为了有效研究海洋经济与海洋产业，需要对其内涵进行有效界定。值得注意的是，作为海洋经济活动的基本载体和具体表现形式，随着海洋经济的持续快速发展，海洋产业的门类愈加丰富，规模不断壮大，对海洋产业的研究也呈现出多角度、系统化的特点。在此情况下，学界与实务界给出相应的概念界定。

国内外学者根据自身研究方向，从海洋经济不同特征出发给出界定。其中，1984 年杨金森首次给出海洋经济概念界定，认为海洋经济是以海洋为活动场所和以海洋资源为开发对象的各种经济活动的总和，同时，海洋经济包括渔业、种植业、工业、运输业、旅游业等，是一个多门类的经济领域。① 韩国学者柳时融（1993）提出，海洋产业是指经济主体的投入物和产出物与海洋这一地理的、空间的特殊环境和需要及供给有关的所有产业，包括海洋水产业、海洋运输业、造船业、沿岸土木建筑业（包括围海造陆工程、旅游设施建设、大陆架石油和天然气开发工程、海洋能开发及海洋矿产开发工程）等。徐质斌多次给出海洋经济内涵界定，认为海洋经济是从一个或同时几个方面利用海洋的经济功能的经济，是活动场所、资源依托、销售对象、服务对象、初级产品原料与海洋有依赖关系的各种经济的总称。从区域意义上，可以把海洋经济占优势的一定地域看作海洋经济区。徐敬俊、韩立民（2007）则认为海洋经济指在一定的制度下，通过有效保护、优化配置和合理利用海洋资源，以获取社会利益、环境利益和自身利益最大化为目的的各种社会实践活动的总称。

为了有效实施海洋经济统计与管理，相应政府部门同样给出海洋经济概念界定。其中，1999 年 12 月中国国家海洋局发布《中华人民共和国海洋行业标准海洋经济统计分类与代码》（HY/TO_52 - 1999），将海洋产业定义为“人类利用和开发海洋、海岸带资源所进行的生产和服务活动，是涉海性的人类经济活动”。其后，2006 年 12 月中国国家质检总局和国家标准化委员发布的《海洋及相关产业分类》（GB/T 20794 - 2006），其中将海洋经济定义为“开发、利用和保护海洋的各类产业活动，以及与之相关联活动的总和”；将海洋产业定义为“开发、利用和保护海洋所进行的生产和服务活动”。

从上述概念比较来看，不同界定在海洋经济具体特征阐释过程中存在差异，但均强调海洋经济与海洋产业的涉海性特征，即认为海洋经济活动在其投入与产出、供给与需求等方面存在与海洋之间的直接联系。上述特征成为区分海洋经济与其他类型经济的主要差别。同时，从上述概念界定可知，海洋经济与海洋产业具有非常丰富的内涵。一般认为，当经济活动在其特定生产环节、特定要素投入、特定产品产出等方面与海洋因素出现关联，则都可以将其纳入海洋经济范畴。

基于研究规范性与数据获取可得性的考虑，本书在海洋经济界定过程中，借鉴《海洋及相关产业分类》（GB/T 20794 - 2006）规定，认为海洋

① 杨金森. 发展海洋经济必须实行统筹兼顾的方针——中国海洋经济研究［C］. 北京：海洋出版社，1984.

经济是开发、利用和保护海洋的各类产业活动，以及与之相关联活动的总和；海洋产业是开发、利用和保护海洋所进行的生产和服务活动。

二、海洋产业

（一）海洋产业分类的标准

与常见产业分类相似，海洋产业细分过程中可以按照不同分类标准，进行多种分类。具体来看，海洋产业细分可以按照如下标准进行。①

第一，按照国民经济物资生产部门分类标准。遵循上述分类标准，可以将国民经济划分为农业、工业、建筑业、交通运输业和商业服务业等五个生产部门。与之相应，在海洋产业细分过程中，同样可以将其分为海洋农业、海洋工业、海洋建筑业、海洋交通运输业和海洋商业服务业。

第二，按照三次产业分类法。应用三次产业分类法，可以把海洋产业划分为海洋第一产业、海洋第二产业和海洋第三产业。其中，海洋第一产业主要包括海洋捕捞业、海水养殖业、海水灌溉农业等；海洋第二产业包括海洋盐业、海洋石油和天然气业、滨海砂矿业和海洋船舶工业、海洋电力业和海洋生物医药业等；海洋第三产业包括海洋交通运输业和滨海旅游业等。

第三，按照产业先进性程度分类。按照海洋产业发展时序和技术进步程度，可以把海洋产业划分为海洋传统产业、海洋新兴产业和未来海洋产业。一般而言，把20世纪60年代以前已经形成且大规模开发、不完全依赖现代高新技术的产业划分为传统产业，如海洋渔业、海洋盐业和海洋化工业；把在20世纪60年代开始发展起来的，主要或部分应用高新技术的海洋产业划分为新兴产业，如海洋生物医药、海水利用等。对于主要应用高新技术，目前尚处于技术研发和产业化阶段，未来有可能实现规模化、商业化发展的海洋产业，划分为未来海洋产业，如深海采矿、海洋空间利用等。

第四，按照国民经济核算体系标准分类。按照上述标准，同样可对海

① 刘堃．中国海洋战略性新兴产业培育机制研究［D］．青岛：中国海洋大学，2013.

洋产业按照海洋经济活动的同一性进行分类。其中，海洋经济活动范围覆盖整个国民经济20个门类（2002国标）中的20个（2006年），包括国民经济98个大类中的29个、980个中类中的296个和9800个小类中的2968个经济活动。当然，该分类标准的优点在于可使海洋经济统计完全融入现行的国民经济核算体系，但也存在产业门类划分过细的不足，在应用上存在一定困难。

（二）本书采用的海洋产业分类标准

本书采取《海洋及相关产业分类》（GB/T 20794－2006）标准，[①] 将海洋产业划分为13个部门，包括海洋渔业、海洋油气业、海洋矿业、海洋盐业、海洋化工业、海洋生物医药业、海洋电力业、海水利用业、海洋船舶工业、海洋工程建筑业、海洋交通运输业、滨海旅游业，以及海洋相关产业（见表2－1）。其中，除海洋科研教育管理服务业以外，其余的12个产业部分纳入主要海洋产业，作为海洋经济的核心层；将海洋科研教育管理服务业细分为海洋信息服务业、海洋环境监测预报服务、海洋保险与社会保障业、海洋科学研究、海洋技术服务业、海洋地质勘查业、海洋环境保护业、海洋教育、海洋管理、海洋社会团体与国际组织等10个门类，作为海洋经济的支持层。

表2－1　　海洋产业的细分名目与内涵

细分产业名目	细分产业内涵
海洋渔业	包括海水养殖、海洋捕捞、远洋捕捞、海洋渔业服务业和海洋水产品加工等活动
海洋油气业	在海洋中勘探、开采、输送、加工原油和天然气的生产活动
海洋矿业	包括海滨砂矿、海滨土砂石、海滨地热、煤矿开采和深海采矿等采选活动
海洋盐业	利用海水生产以氯化钠为主要成分的盐产品的活动，包括采盐和盐加工
海洋化工业	包括海盐化工、海水化工、海藻化工及海洋石油化工等化工产品生产活动

① 当然，该分类标准同样是目前中国海洋经济统计的主要产业分类标准，如历年《中国海洋经济统计公报》。

续表

细分产业名目	细分产业内涵
海洋生物医药业	以海洋生物为原料或提取有效成分，进行海洋药品与海洋保健品的生产加工及制造活动
海洋电力业	在沿海地区利用海洋能、海洋风能进行的电力生产活动，不包括沿海地区的火力发电和核力发电
海水利用业	对海水的直接利用和海水淡化活动，包括利用海水进行淡水生产和将海水应用于工业冷却用水和城市生活用水、消防用水等活动，不包括海水化学资源综合利用活动
海洋船舶工业	以金属或非金属为主要材料，制造海洋船舶、海上固定及浮动装置的活动，以及对海洋船舶的修理及拆卸活动
海洋工程建筑业	在海上、海底和海岸所进行的用于海洋生产、交通、娱乐、防护等用途的建筑工程施工及其准备活动，包括海港建筑、滨海电站建筑、海岸堤坝建筑、海洋隧道桥梁建筑、海上油气田陆地终端及处理设施建造、海底线路管道和设备安装，不包括各部门、各地区的房屋建筑及房屋装修工程
海洋交通运输业	以船舶为主要工具从事海洋运输以及为海洋运输提供服务的活动，包括远洋旅客运输、沿海旅客运输、远洋货物运输、沿海货物运输、水上运输辅助活动、管道运输业、装卸搬运及其他运输服务活动
滨海旅游业	包括以海岸带、海岛及海洋各种自然景观、人文景观为依托的旅游经营、服务活动；主要包括海洋观光游览、休闲娱乐、度假住宿、体育运动等活动
海洋相关产业	以各种投入产出为联系纽带，与主要海洋产业构成技术经济联系的上下游产业，涉及海洋农林业、海洋设备制造业、涉海产品及材料制造业、涉海建筑与安装业、海洋批发与零售业、涉海服务业等

资料来源：根据《海洋及相关产业分类》（GB/T 20794－2006）整理。

三、海洋生物医药产业

（一）海洋生物医药产业界定

本书按照《海洋及相关产业分类》（GB/T 20794－2006）标准，将海洋生物医药产业定义为以海洋生物为原料或提取有效成分，进行海洋药品与海洋保健品的生产加工及制造活动。

海洋生物医药产业集农业、工业、商业三大经济领域于一体，其产业链条覆盖海洋生物资源开采、医药产品研发加工、药用新材料新产品的生产销售。海洋生物医药产业存在着有别于传统医药产业与传统海洋经济产业的特征。一方面，与传统医药产业相比。海洋生物医药产业虽然仍属于医药产业，但其医药原材料来源、医药产品加工工艺、医药产业发展特征等，均与传统医药产业存在显著差异。另一方面，与传统海洋经济产业相比。海洋生物医药产业与其他海洋经济产业如海洋渔业、海洋油气业、海洋矿业、海洋化工业等，同样在生产模式、产业链条、产品特征等方面存在明显差异。

（二）海洋生物医药产业基本特征

基于前述界定可知，海洋生物医药产业具有如下特征。第一，技术含量高。海洋生物医药产业是高新技术产业，需要足够的创新技术储备支撑。第二，资金投入大。从深海生物探索到海洋生物医药品研制，每个科研阶段都需要充足资金。第三，产业风险高。生物医药产业具有较高研发风险，针对海洋生物资源研发的海洋生物医药产业则具有更高风险。海洋生物医药在市场销售、后续保障服务中同样出现较高风险。第四，投资回报高。伴随着高风险性的同时，海洋生物医药产业在产品研制成功之后，将具有较高的经济回报。第五，产业化周期长。不同于普通医药产业，海洋生物资源的探索，到对海洋生物医药品的研制开发成功，都需要经过不断的试验，再考虑到产品营销售出后推广到市场上，更加延长了海洋生物医药的产业化时间。

（三）海洋生物医药产业链构成

产业链是各部门围绕不同中间产品的生产、交换进行横向和纵向合作联盟而形成的动态网络组织。[①] 海洋生物医药与其他海洋经济产业相比，存在原材料依赖性较高、技术依赖性较高的特点。在此情况下，海洋生物医药产业链作为整体产业的网络组织形式体现，汇集诸多研发、生产、销售企业与机构，围绕研发技术、生产工艺等关键节点，实现海洋生物医药

① 王兴元，杨华．高新技术产业链结构类型、功能及其培育策略［J］．科学学与科学技术管理，2005（3）：88－93.

从发现到销售的全过程。

中国海洋生物医药产业仍处于发展初期，出现产业链环较短、产业链简单的特征，同时主要表现为单链型高新技术产业。[①] 具体如图 2－1 所示，海洋生物医药生产全过程包括四个步骤：海洋生物药物发现、海洋生物药物开发、海洋生物药物生产、海洋生物药物销售。海洋生物医药产业发展围绕上述实施步骤展开，通过诸多企业与机构承担上述环节与工序，构成完整产业链条。[②] 基于上述特征，海洋生物医药产业链可以分为上游、中游、下游三个环节。其中，上游环节主要包括药物研发。在实施过程中，通过在海洋生物体内发现并提取相应药理性化学物质，并对其药理特性进行筛选评价，同时合成新物质的分子结构实体。中游环节包括药物开发与生产。在实施过程中，药物开发包括临床前试验、临床试验、新药申请等活动；药物生产包括工艺设计、设备选择、药物生产、药物检测等活动。下游环节包括药品销售。在实施过程中，通过销售渠道、物流运输、宣传推广等活动，实现所生产药品从生产厂家向消费者的销售行为。

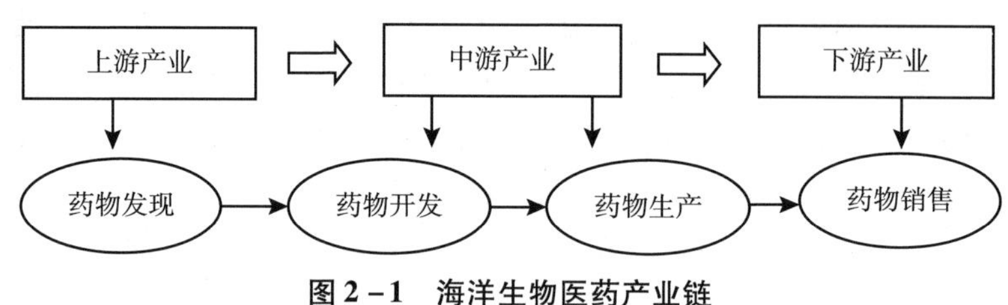

图 2－1　海洋生物医药产业链

第二节　海洋生物医药产业集聚的理论渊源

本节考察产业集聚理论发展的思想渊源。具体来看，产业集聚的重要表现与特征是企业之间的分工协作。在此情况下，亚当·斯密的分工专业

① 韩立民，周乐萍．青岛市海洋生物医药产业链发展研究［J］．中国渔业经济，2013，31（5）：109－116.

② 于志伟．海洋生物医药业技术链与产业链融合机制及实现路径研究——以山东半岛蓝色经济区为例［J］．产业与科技论坛，2014，13（12）：18－21.

化理论与马克思的分工协作理论为后期产业集聚理论提供了丰富的思想基础，成为后期研究开展的重要理论渊源。

一、分工协作理论

马克思在其经济理论著作中在分析产业发展过程时提出了分工协作思想。该思想为理解西方资本主义经济运行体系提供了良好基础，同时为后期产业集聚发展理论提供了较好的分析思路。

第一，马克思对分工内涵及其社会经济促进作用进行了系统论述。在其研究过程中，通过梳理以往西方经济学者的研究成果，考察经济产业发展变迁过程，对于分工的类型及其经济促进作用进行具体分析。从分工的不同种类来看，马克思指出，单就劳动本身来说，可以把社会生产分为农业、工业等大类，叫作一般的分工；把这些生产大类分为种和亚种，叫作特殊的分工；把工场内的分工，叫作个别的分工。[①] 在系统考察分工对于社会发展与经济发展的作用过程中，马克思认为，任何新的生产力，只要它不仅仅是现有生产力的量的扩大（例如开垦新的土地），都会引起分工的进一步发展。[②]

第二，马克思分析分工与协作关系，并探讨其对经济生产的影响。分工与协作之间存在密切联系。分工是协作的基础，协作则是分工的必然结果。马克思认为，许多人在同一生产过程中，或在不同的但互相联系的生产过程中，有计划地一起协同劳动，这种劳动形式叫作协作。[③] 在考察分工与协作的相关关系基础上，马克思同样对于经济生产过程中的协作类型进行具体刻画，并就其与生产关系之间的关系进行分析，认为资本主义生产源于简单协作，虽然协作的简单形态本身表现为同它的更发展的形式并存的一种特殊形式，协作仍然是资本主义生产方式的基本形式。[④] 同时，马克思以工场手工业内部劳动协作作为具体考察对象，论述分散的和互不依赖的单个劳动转化为一个结合劳动时所产生的经济性，为其后产业发展

① 卡尔·马克思. 资本论（第一卷）[M]. 北京：人民出版社，1975：389.

② 卡尔·马克思. 马克思恩格斯选集（第一卷）[M]. 北京：人民出版社，1975：25.

③ 卡尔·马克思. 资本论（第一卷）[M]. 北京：人民出版社，1975：364.

④ 卡尔·马克思. 资本论（第一卷）[M]. 北京：人民出版社，1975：368.

与产业集聚研究开展提供了重要的理论基础。[①]

第三，马克思在分工协作研究的基础上提出企业组织功能论，考察分工协作与企业生产效率之间的关系。马克思认为，分工协作将会使得企业生产效率得到提升。分工协作对于生产效率的提升作用，主要源于以下几方面原因。[②]（1）从时间节约情况来看。在同等产量的约束条件下，企业采用集体协作生产的方式，将比分散生产节约更多的时间。（2）从产量增长情况来看。在合同到期或其他情况下，通过企业采用协作生产的方式，将能比企业分散生产得到更多的产品产量。（3）从生产环境情况来看。在协作生产的环境中，相互的协作更能提高劳动生产率。（4）从内部管理情况来看。通过企业分工协作生产方式，进行有效的工序划分，将能够更加有效地进行生产管理与控制，使生产过程更加持续稳定。（5）从资源利用情况来看。企业协作生产有利于资源的合理利用，更有利于提高生产资料的使用效率。

二、分工专业化理论

亚当·斯密在其代表性成果《国富论》中系统分析分工与专业化的经济影响，成为后期经济学研究开展的重要理论基础。亚当·斯密的分工专业化思想不仅形成对早期重商主义思想的驳斥，形成现代西方经济学的重要理论基础，同时也为其后产业发展与产业集聚理论提供有效的分析框架。

一方面，亚当·斯密对分工与专业化的内涵与作用进行深入分析。通过系统考察工业生产过程中的生产流程与生产效率，亚当·斯密认为分工能够有效导致生产效率的提升，推动社会财富的增长。“劳动生产力上最大的增进，以及运用劳动时所表现的更大的熟练、技巧和判断力，似乎都是分工的结果”。[③] 同时，亚当·斯密通过对大头针生产工序与生产效率进行分析，提出劳动分工导致生产效率提升的主要途径：“第一，劳动者

① 魏剑锋. 马克思分工协作理论视角下的产业集群竞争优势［J］. 中国社会科学院研究生院学报，2007（5）：65－70.

② 吴迪. 产业集聚与区域竞争力的关系研究［D］. 大连：东北财经大学，2012.

③ 亚当·斯密. 国民财富的性质和原因的研究［A］. 亚当·斯密全集（第2卷）. 北京：商务印书馆，2014：5.

的技巧因业专而日进；第二，由一种工作转到另一种工作，通常须损失不少时间，有了分工，就可以免除这种损失；第三，许多简化劳动和缩减劳动的机械的发明，使一个人能够做很多人的工作”。①

另一方面，亚当·斯密的分工专业化思想为产业集聚理论提供了基本分析框架。根据亚当·斯密的分工理论思想，分工使得生产过程中单个生产主体的劳动特征趋于专业化，进而有效提高其生产技术，使得生产效率水平得以提升。与之相应，在不同企业与产业之间同样存在上述现象，因为分工专业化将导致不同行业与企业的生产效率提升。在此情况下，生产分工不仅表现为企业内部工作人员之间的分工，同时还体现为不同行业之间、不同企业之间的专业化分工。上述企业分工与行业分工，包括国际贸易过程中的地区与国家分工，形成了后期的产业集聚理论思想渊源。产业集聚的形成与发展过程，遵循了亚当·斯密所提出的专业化导致生产效率差异的思想。

第三节　海洋生物医药产业集聚的基本理论

诸多学科理论对产业集聚问题进行系统分析，提出相应理论观点。从前期研究成果来看，包括产业区理论、工业区理论、新经济地理学理论、竞争优势理论、产业集聚创新理论等，在此过程中做出突出贡献。

一、产业区理论

马歇尔是最早关注产业集聚问题的经济学家。马歇尔通过产业区理论来探讨产业集聚表现与成因。在其代表性成果《经济学原理》（1890）中，马歇尔将产业区定义为“一种由历史与自然共同限定的区域其中的中小企业积极地相互作用企业群与社会趋向融合”。② 上述产业区概念与后

① 亚当·斯密．国民财富的性质和原因的研究［A］．亚当·斯密全集（第2卷）．北京：商务印书馆，2014：8.

② 阿尔弗雷德·马歇尔．经济学原理［M］．彭逸林，等，译．北京：人民日报出版社，2009.

期学者探讨的产业集聚区存在较大的相似之处。在其分析过程中，马歇尔不仅分析了产业区产业集聚的表现与特征，同时利用规模效应研究了导致产业集聚的原因。

一方面，马歇尔通过分析产业与地区特征来阐述产业集聚的特点。早在19世纪末20世纪初，马歇尔通过对于刀具工业与毛纺织区的分析，提出产业区概念。在其分析过程中，马歇尔认为产业区是大企业相对应的重要产业组织形式，具体表现为特定产业中出现大量小企业的区域化集中。在上述企业集中过程中，能够产生生产效率与生产技术方面的有益之处。此外，上述产业系统发展特征与地区禀赋存在密切联系。可见，马歇尔所定义的产业区和集聚经济，存在社会与地域有机整合的特征，而空间接近和文化同质性成为产业区形成的重要条件。

另一方面，马歇尔同样探讨产业集聚导致的经济生产后果。马歇尔通过规模经济理论，分析了产业区域集中对于单个企业生产的促进作用。第一，产业集聚促进投入成本下降。因为诸多企业出现地理位置方面的接近与集中，将会使得企业运输成本与交易成本得到下降，以及劳动力、服务、技术等投入要素的成本下降。第二，产业集聚将会导致专业化经济。在诸多企业区域集中的过程中，使得不同企业之间出现分工专业化，使得单个企业逐渐专注于某一特定产品生产或某一特定生产环节。在此情况下，将出现因为专业化分工所导致的技术水平与生产效率提高。此外，地区产业发展与企业发展还将从任务专业化导致的规模经济获得相应收益。第三，产业集聚有助于提供有效的地区经济生态系统。同一产业在特定地区趋于集中，将会刺激地区外部经济与企业家精神形成，有利于单个企业融入地方经济生态模式，获得有效的市场需求与较高的市场参与程度。①

二、工业区位理论

工业区位论用于考察和分析工业布局与厂址位置选择问题。工业区位论为理论界系统分析产业集聚的发展、表现与成因，提供具体分析方法与分析工具。从工业区位论的研究内容来看，包含宏观视角的区位论分析，

① 苗长虹. 马歇尔产业区理论的复兴及其理论意义［J］. 地域研究与开发，2004（2）.

考察地区与国家的产业布局情况；微观视角的区位论分析，分析单个厂商与企业的厂址选择问题。

在工业区位论发展过程中，以韦伯为代表的诸多学者做出突出贡献。德国经济学家阿尔弗雷德·韦伯在其《论工业区位》（1909）中首次系统地论述了工业区位理论，其后在《工业区位理论：区位的一般理论及资本主义的理论》（1914）中对工业区位问题与资本主义国家人口集聚进行综合分析。从韦伯工业区位论的主要思想来看，区位因素将导致产业与企业的地区位置转移，企业将转移到生产费用最小、节约费用最大的地理位置。在产业转移与产业集聚过程中，将通过两个阶段来实现。第一阶段为企业自身规模的简单扩张阶段，第二阶段为大企业引领作用下的发展阶段。同时，韦伯认为如下四个方面因素将是导致产业集聚的重要原因：第一，技术的创新和发展；第二，劳动力的专业化发展；第三，市场体系的完善和发展；第四，经常性成本的降低。

诸多学者在韦伯工业区位论的基础上进行深入研究。其中，奥古斯特·廖什在其《经济的空间秩序》中对韦伯研究进行拓展。在分析过程中，对部分前期假设条件进行修正，将工业区位静态分析拓展为动态研究，将自由竞争市场分析拓展到垄断市场分析。伊萨德则主张从空间经济视角来分析区位论，利用比较成本分析和投入产出分析等综合分析方法进行工业区位分析，把工业区位论作为“区域科学”的核心。此外，伊萨德将工业区位理论应用到与地区产业开发实践过程中去，将工业区位论作为地区开发规划的基本理论。

三、新经济地理学理论

新经济地理学成为近期经济学研究的重要理论发展方向。该领域研究成为西方经济学领域中继新产业组织理论、新贸易理论、新增长理论之后出现的重要研究思潮。在研究开展过程中，以 P. 克鲁格曼（P. Krugman）为代表的诸多学者，以边际收益递增、不完全竞争与路径依赖为基础，通过构建核心—周边模型、国际专业化模型、全球化和产业扩散模型、区域专业化模型等分析理论框架，拓展分析经济活动的空间集聚与全球化等经济现象。从其研究特征来看，新经济地理学强调对空间经济结构与变化进行系统分析，期望将经济地理分析纳入传统经济学分析框架。上述理论不仅成为产业规划与区域规划的重要理论工具，同时也是分析产业集聚的重要理论基础。

一方面，新经济地理学理论重点考察经济活动的空间集聚现象。从研究思路来看，新经济地理学以收益递增作为理论基础，并通过区位聚集中“路径依赖”现象，来研究经济活动的空间集聚。在分析过程中，新经济地理学中的收益递增是指经济上相互联系的产业或经济活动。克鲁格曼在其著作中系统地阐述了收益递增思想。其研究认为，收益递增本质上是一个区域和地方现象。空间聚集是收益递增的外在表现形式，是各种产业和经济活动在空间集中后所产生的经济效应以及吸引经济活动向一定区域靠近的向心力。基于上述收益递增假设，新经济地理学将区域和城市的发展定性为“路径依赖”和“历史事件”。与新古典的经济均衡模型相反，克鲁格曼使用历史方法，强调影响集聚的力量的持续和积累，即存在向“路径依赖”和“历史事件”发展的趋势。同时，区域优势被认为是由一些小的事件所导致的自身的加强（Krugman，2001）。

另一方面，新经济地理学理论同时分析区域增长集聚的动力。新经济地理学研究的另一重要内容是区域长期增长与空间集聚的关系。其理论研究认为，资本外部性的相对规模（市场作用的范围）、劳动力可移动性、交通成本将决定经济活动和财富在空间配置上的区域整合程度。同时，当资本外部性及劳动力的迁移通过区域整合增加时，将出现更大规模的空间集聚，富裕中心和较差的边缘区之间的差距将加大。此外，如果区域之间仍然存在着不可流动性（由于语言和文化等方面的障碍），那么中心地区的劳动力和由于拥挤而带来的成本就会增加，并有利于经济活动的扩散和区域集聚的减弱。

四、产业竞争力理论

迈克尔·波特（Michael Porter）在竞争优势理论基础上提出新竞争经济学理论，并具体应用于产业集聚发展研究。具体来看，波特对传统国际贸易分析中的比较优势理论进行深入拓展，在其代表性成果《竞争战略》（1980）、《竞争优势》（1985）、《国家竞争优势》（1990）中提出其竞争优势理论。在后期研究发展过程中，波特利用竞争优势理论分析框架，结合菱形理论、区位理论等分析工具，用以探讨产业集聚现象，由此形成新竞争经济学。

新竞争经济学理论对产业集聚的概念与特征进行系统分析。波特认为，产业集聚（Cluster）是指经营同一种产业的一群公司地理上集中在一起；产业集聚是国际竞争优势产业的共同特征。① 同时，波特也对产业集群的动态发展过程进行探讨，认为产业集聚属于自我完善和增强的系统。波特将聚集理论和社会网络理论应用于产业集聚发展研究，考察其变化过程。在上述动态发展过程中，系统内部各种因素之间的相应影响与相互作用，将能够有效促进产业集聚系统动态有效发展。具体来看，由于系统内部的企业与机构之间出现相互交流与竞争，实现各种竞争发展战略，由此，在实现企业自身竞争能力提升的同时也将有效推动整个集聚系统的整体竞争水平。

新竞争经济学理论认为，产业集聚作为重要的空间产业组织形式，其形成与发展能够有效促进产业竞争优势提升。具体来看，上述竞争优势的获取主要有如下方面效果。第一，外部规模经济效应。在产业集聚发展过程中，由于集聚区域内出现企业、员工、生产要素与信息的高度集中，将促进企业之间、机构之间形成高度发展的分工协作模式，整个产业集聚区出现外部规模经济现象，使得区域内部企业的竞争能力提升。第二，交易成本节约效应。在企业发展过程中，其交易成本主要包括运输成本、信息搜寻与确认成本、合约谈判与履行成本等。在产业集聚的特定区域内，产业内部企业之间、机构之间、供应商之间均出现地理距离接近相互往来关系密切的情况。在此情况下，集聚发展将能够降低产品与原材料的运输成本、降低市场信息搜寻与确认成本，同时也可以大幅度降低主体之间的合约谈判与履约成本。由此，产业集聚将通过交易成本节约来提升内部企业竞争能力。第三，学习与创新效应。产业集聚区域内部的企业与机构之间存在相互接触与相互交流的情况，能够提升知识与技术的外溢效果。企业不仅能够很快了解行业内部先进技术的发展，同时能够实现对上述技术知识的有效模仿、引进与研发，以此提高其生产效率与竞争力。第四，品牌

① 符正平．新竞争经济学及其启示——评波特竞争优势理论［J］．管理世界，1999（3）：3－5.

与广告效应。在产业集聚发展的过程中出现众多企业、产品与要素的区域集中，将在产业宣传、企业宣传与产品宣传过程中起到良好的效果。

五、区域技术创新理论

技术创新理论是产业集聚研究的重要理论基础。从产业集聚的发展趋势与实践情况来看，因产业与企业集中所导致的技术溢出效应是影响集聚效果的重要原因。诸多理论分析产业集聚与技术创新之间的相互关系、考察集聚区域创新的条件与影响因素。在此过程中，包括熊彼特在内的诸多学者提出技术创新理论、区域创新系统理论等，为产业集聚研究提供了重要的理论方法。

一方面，传统技术创新理论的研究。早在古典经济学研究阶段，亚当·斯密在《国富论》中系统论述技术创新与经济增长之间的关系，认为技术创新有助于提升经济增长效果。上述思想成为后期研究的重要基础，其后，熊彼特在《经济发展理论》（1912）中首次系统提出经济学视角下的创新理论。熊彼特认为，创新是指“建立一种新的生产函数”，即“生产要素的重新组合”，要把一种从来没有的关于生产要素和生产条件的“新组合”引进生产体系中去，以实现对生产要素或生产条件的“新组合”。从上述创新行为的经济影响效果来看，经济发展便是源于上述创新行为的直接后果，企业家的重要职能是实现生产技术创新。在此之后，学界在熊彼特创新理论的基础上进行深入分析，出现技术创新经济学派和新制度学派。其中，前者重点分析企业组织行为对技术创新的影响，并强调技术创新对于区域经济发展的重要影响；后者则考察制度因素如企业制度变革、企业生产关系等因素对创新的影响。上述研究均为后期产业集聚理论开展提供了重要启示。

另一方面，区域创新系统理论的研究。区域创新系统同样是产业集聚创新研究的重要内容。区域创新系统是特定地域范围之内，与系统内部企业机构创新投入相互作用的创新网络和制度安排。其中，佩林从空间集聚角度研究了区域创新系统，认为集群内企业通过空间集聚力量形成创新网络，并在此网络系统中进行有效的技术学习与进步。在其基础上，部分学者系统分析区域创新系统的内涵与作用。库克（2000）认为区域创新体系包括两个子系统，其中，知识应用与开采子系统，由具有垂直供应链网络的公司组成；知识生产与扩散子系统，由公共组织组成。与之相应，为了有效构建区域创新系统，还应该包括五个方面构成元素。（1）区域因素。在系统构成因素中主要因素是区域，该区域是指具有某种文化和历史的同质性、享有某种法定权力的特定区域。（2）创新因素。在区域创新系统构成要素中核心基础是各种创新行为。（3）网络因素。网络因素是指区域系统内部，各主体之间呈现出的基于信任、规范和契约的互惠且可靠的关系。（4）学习过程因素。该因素指系统内部在制度学习意义上的学习过程。（5）相互作用因素。该因素指系统内部各个主体之间，因由正式的与非正式的联系和关系所推动的相互作用过程。

第四节　海洋生物医药产业集聚的测度方法

产业集聚主要指生产活动在某一地理范围内的集中。在此过程中，产业集聚测度问题是产业集聚研究的基础。从前期理论研究成果来看，学者们提出诸多测度方法，主要包括赫芬达尔指数、空间基尼系数、EG 指数、区位熵指数、市场潜能指数以及经济密度指数等方法。[①]

一、赫芬达尔指数

赫芬达尔－赫希曼指数（Herfindahl－Hirschman Index，HHI）简称赫芬达尔指数，是测量产业集中度的综合指数。从其计算思路来看，指一个行业中各市场竞争主体所占行业总收入或总资产百分比的平方和，用来计量市场份额的变化，即市场中厂商规模的离散度。赫芬达尔指数越小，表示行业内企业规模分布越平均、产业集聚程度越低；反之，赫芬达尔指数越大，行业内企业规模分布越不平均、产业集聚程度越高。

赫芬达尔指数存在较为明显的优点与缺点。一方面，该指数的计算思路与方法较为简单，在操作过程中较为方便；赫芬达尔指数在计算过程中

① 李沙沙．产业集聚对中国制造业全要素生产率的影响研究［D］．大连：东北财经大学，2018.

考虑行业内企业市场份额与企业个数的影响，计算相对科学。另一方面，赫芬达尔指数也存在不足，如没有具体考虑地区差异因素的影响，因此指数计算中无法排除地区差异对市场集中度的影响；该指数属于绝对指标，因此无法在不同行业之间进行有效比较。

从实际操作情况来看，赫芬达尔指数往往用于研究市场集中度和市场结构特征。从其指标分布区间来看，极端情况下如市场中仅存在一个垄断企业时，则该指数计算结果为 1；如果市场中存在 N 个规模相同企业时，则该指数为 1/N。同时，该指数计算结果受到行业划分层次的影响，如果行业划分越细致，则利用该指数所计算的产业集聚水平越小；如果行业划分越粗，则利用该指数计算的产业集聚水平越大。具体来看，赫芬达尔指数计算公式如下：

$$H_i = \sum_j \left[\frac{e_{ij}}{\sum_j e_{ij}} \right]^2 \qquad (2-1)$$

其中，e_{ij}是行业 i 内企业 j 的就业人数，$\sum_j e_{ij}$ 表示行业 i 的总就业人数，H_i 表示行业 i 的赫芬达尔指数，即行业内企业就业人数占该行业总就业人数之比的平方和。从其计算结果来看，该指数对于行业内市场占比较大的企业赋予更大的权重比例，市场份额占比较小的企业则被赋予较小计算权重。

二、空间基尼系数

空间基尼系数同样是计算产业集聚的重要方法。该计算指标由克鲁格曼（krugman，1991）首次提出，并被用来测算美国制造行业的集聚程度。从指标发展思路来看，该指标是在修正赫芬达尔指数的基础上得出。从计算思路来看，在以往计算指标的基础上考虑了地区面积差异因素的影响，同时保障不同行业之间产业集聚程度的可比较性。当然，空间基尼系数同样存在部分不足，如没有考虑企业规模因素，无法有效区分导致产业集聚发展的内在因素等。

从空间基尼系数的分布区间来看，该指数趋近于 0 则代表产业集聚分布程度较低，行业分布较为分散；该指数趋近于 1 则代表集聚程度较高，行业分布较为集中。具体来看，空间基尼系数的计算公式如下：

$$G_i = \sum_s \left[\frac{e_{is}}{e_{in}} - \frac{e_s}{e_n} \right]^2 \qquad (2-2)$$

式中，e_{is}表示行业 i 在区域 s 中的就业人数；$e_{in} = \sum_s e_{is} e$，表示行业 i 在全国的总就业人数；$e_s = \sum_i e_{is}$，表示区域 s 内所有行业的就业人数；$e_n = \sum_s \sum_i e_{is}$，表示全国所有行业的总就业人数。$G_i$ 表示行业 i 的空间基尼系数，即行业 i 在区域 s 的就业人数占行业 i 在全国总就业人数的份额与区域 s 总就业人数占全国总就业人数的份额之差的平方和。

三、EG 指数

EG 指数是由埃里森和格拉泽（Elilsion and Glaeser，1997）提出的产业集聚程度指标。从其发展思路来看，希望在结合赫芬达尔指数计算优势的基础上，解决空间基尼指数存在的失真问题。具体来看，空间基尼系数在计算过程中，由于存在行业企业数量较少且区位分布随机，因此可能导致指数失真的情况。在此情况下，EG 指数具体考虑企业规模、区域差异等因素的影响，同时有效区分产业集聚主要源于随机形成还是外部因素所导致。在此情况下，EG 指数相对于空间基尼系数与赫芬达尔指数，具有更好的测度准确性，因而在后期研究开展过程中使用较多。当然，EG 指数同样存在部分不足，如无法消除区域边界影响，可能存在可更改的地区单元问题（文东伟、冼国明，2014；李沙沙，2018）。具体来看，EG 指数的计算公式如下：

$$EG_i = \frac{G_i - (1 - \sum_s x_s^2) H_i}{(1 - \sum_s x_s^2)(1 - H_i)} \qquad (2-3)$$

式中，G_i 表示空间基尼系数；H_i 表示赫芬达尔指数；x_s 表示地区 s 所有行业就业人数占全国所有行业就业人数的份额，即 $x_s = \frac{e_s}{e_n}$；$e_s = \sum_i e_{is}$，表示区域 s 所有行业的就业人数；$e_n = \sum_s \sum_i e_{is}$，表示全国所有行业就业人数。$EG_i$ 表示行业 i 的 EG 指数。从其计算结果来看，如果 EG 指数越大，则表示产业集聚程度越高；EG 指数越小，则表示产业集聚程度越低。

四、区位熵指数

区位熵又称专门化率，是哈盖特（P. Haggett）所提出的用于进行区位分析的测度指数。具体来看，该指数通过有效衡量某一区域相应要素的空间分布特征，由此反映某一产业部门的专业化程度。在实际操作过程中，诸多学者利用区位熵指数来反映区域优势产业的状况。具体来看，该指数的计算公式如下：

$$LO_{is} = \frac{e_{is}/e_s}{e_{in}/e_n} \tag{2-4}$$

式中，e_{is}表示行业 i 在区域 s 中的就业人数；$e_{in} = \sum_s e_{is} e$，表示行业 i 在全国的总就业人数；$e_s = \sum_i e_{is}$，表示区域 s 内所有行业的就业人数；$e_n = \sum_s \sum_i e_{is}$，表示全国所有行业的总就业人数。$LO_{is}$表示行业 i 在区域 s 的区位熵指数，采用区域 s 行业 i 的就业人数占本区域所有行业就业人数的份额与行业 i 在全国的就业人数占全国所有行业总就业人数之比表示。区位熵指数主要用于衡量行业 i 在区域 s 的专业化程度，该指数越大，表示行业 i 在区域 s 专业化程度相对于全国越高。

五、市场潜能指数

市场潜能指数同样是衡量产业集聚程度的重要指数。该指数通过衡量地区市场规模或本地市场效应来衡量集聚水平。从理论界应用情况来看，市场潜能衡量可以通过如下两种方式来实现。一是名义市场潜能指数，由哈里斯（Harris，1954）首次提出；二是真实市场潜能指数，主要根据雷丁（Redding，2004）基于双边贸易流数据构建的 MA 与 SA 指数来反映（赵增耀、夏斌，2012）。

从两种市场潜能指数的使用情况来看，真实市场潜能指标具有更强的理论支撑，同时其测度数据准确性更强。但从真实市场潜能指标的计算过程来看，无论是技术方法还是计算需要指标，均比较复杂。在此情况下，部分学者认为在考虑计算数据可得性与操作可行性的情况下，可能名义市场潜能指数更加具有现实意义（Ottaviano and Pinelli，2006）。具体来看，诸多学者对名义市场潜能指数进行深入分析。其中，吴晓怡、邵军（2016）具体分析市场潜能指数在产业集聚程度测算过程中的应用，同时借鉴哈里斯（1954）思路提出相应计算公式。具体来看，名义市场潜能指数计算公式如下：

$$MP_s = \sum_r \frac{Y_r}{d_{sr}} = \sum_{s \neq r} \frac{Y_r}{d_{sr}} + \frac{Y_r}{d_{ss}} \tag{2-5}$$

式中，Y_r 表示 r 地区的国内生产总值，d_{sr} 表示地区 s 和地区 r 之间的地理距离，d_{ss} 表示地区 s 的内部距离，地区内部距离的测算公式为 $d_{ss} = 2/3\sqrt{area_s/\pi}$，$area_s$ 表示各地级市辖区的土地面积。

六、经济密度指数

经济密度指数同样是衡量产业集聚程度的有效指标。具体来看，经济密度指数反映城市单位面积上经济活动的效率和土地利用的密集程度，主要利用单位面积土地上经济效益水平来衡量，如利用每平方千米土地产值进行计算。总体来看，该指标在计算过程中思路简单，数据容易获得，因此具有很强的操作性。当然，该指标在衡量过程中同样存在受企业特征影响严重等问题（邵宜航、李泽杨，2017）。具体来看，经济密度指数计算方式如下：

$$ED_s = \frac{var_s}{area_s} \tag{2-6}$$

式中，$area_s$ 表示地区 s 的土地面积，var_s 表示地区 s 的人口数量、从业人数、工业总产值等变量，分别用于测算人口密度、就业密度和产出密度。ED_s 表示区域 s 的经济密度，即单位土地面积所承载的经济活动。经济密度越大表示经济集聚程度越高，该值越小表示经济集聚程度越低。经济密度指标多用于衡量区域经济集聚程度。

第三章　广东省海洋生物医药产业发展的总体情况

本章系统考察广东省海洋生物医药产业发展的总体状况。首先，分析广东省海洋生物医药产业的基础条件，包括禀赋资源、经济环境、政策环境、社会环境等；其次，考察广东省海洋生物医药产业的发展现状，包括产业规模、产品类型、企业情况等；最后，探讨该产业发展过程中存在的主要问题。

第一节　广东省海洋生物医药产业的发展基础

由于受到产业特征与产品特征的影响，海洋生物医药产业在发展过程中受到诸多外部因素制约。本节将结合相应研究成果，分析自然禀赋、经济环境、政策环境与社会环境等因素对海洋生物医药产业发展的影响。

一、禀赋资源

（一）海洋资源情况

第一，广东省的地理位置情况。广东省地处中国大陆最南部，东邻福建，北接江西、湖南，西连广西，南临南海，东西两侧分别与香港、澳门特别行政区接壤，西南部雷州半岛隔琼州海峡与海南省相望。

第二，从广东省海洋资源情况来看。广东省拥有全国最长的大陆海岸线，长度为3368.1千米，海域总面积42万平方千米。基于上述地理特征，广东省海洋动植物资源品种繁多，包括浮游植物406种、浮游动物416种、底栖生物828种、游泳生物1297种。同时，广东沿海沙滩众多、气候温暖，使得各种植物资源发展良好。其中，广东省的红树林分布较广，面积较大；具有大量珊瑚礁，其中在广东省湛江市拥有全国唯一的大陆缘型珊瑚礁。

值得注意的是，广东省与南海海域相接。南海海域所存在的丰富海洋生物资源，同样为广东省海洋产业发展提供良好基础。总体来看，南海有约3万种海洋生物，是我国生物多样性最为丰富的海区之一。广东凭借南邻南海这一独特的区位优势，生物多样性在全国处于优势地位，深海生物基因资源开发潜力可观（见表3－1）。广东省的海洋生物药用资源十分丰富，约有7500种，其中南海特有种480种。目前以海洋生物制成的单方药物有20多种，以海洋生物配伍其他药物制成的复方中成药有200多种，现代海洋西药有7种。同时，广东省近年来积极推进海洋保护区建设，已建成111个海洋与渔业类保护区，总面积50.88万公顷，有效地保护了海洋生态系统，为海洋生物医药产业的可持续发展提供了保障。

表3－1　　南海海域主要药用生物

类别	鱼类	腹足类	瓣鳃类	红藻类	褐藻类	甲壳类	海参类	绿藻类	爬行类	珊瑚类	海星类	水母类	海胆类	哺乳类	星虫类	肢口类
数量（种）	67	28	27	16	14	14	8	8	5	5	4	4	3	2	1	1

资料来源：根据《广东省海洋经济地图》整理而得。

第三，广东省的其他海洋经济资源情况。广东省不仅是海洋大省，同时也是海洋经济大省，其海水养殖等产业在全国居于前列。从海水养殖产业与海洋生物医药产业的关系来看，前者发展将为后者提供必要的生物医药原料资源。实际上，广东省海水养殖诸多产品均在全国市场及国际市场中具有广泛影响。其中，湛江市对虾养殖产量超过20万吨，虾苗和成虾产值超过50亿元，约占全国虾苗供应的30%和成虾供应的25%；珠海市海水名优品种年产量超过30万吨，成为粤港澳大湾区的海水鱼类重要供应地区；其他地区包括广州、阳江、汕头等地区，同样存在发达的海水养殖产业。在海水养殖产业发展过程中，广东省同样出现大量水海产品行业的龙头企业与重点企业，如湛江国联、恒兴；珠海强竞、世海、德洋；广州海大、澳洋、新农人；汕头侨丰；汕尾国泰；中山水出；阳江粤富；潮州新华海等。上述公司属于养殖行业优质龙头公司，是地区海洋经济发展的重要主体，同时也是广东省海洋生物医药产业发展的重要支撑。

从具体数据来看（见表3-2），2000~2018年，广东省海水养殖总面积有所下降，但总体规模仍然较大。其中，2018年广东省水海产品养殖面积（包含海水养殖和淡水养殖）共计718.35万亩，其中海水养殖248.42万亩，淡水养殖469.92万亩。上述产业规模在全国沿海省份中处于领先地位。该行业的稳定发展不仅形成对广东省农业发展的重要支撑，同时也为海洋生物医药产业发展提供了大量药用生物资源，如虾青素、贝类提取物等。

表3-2　2000~2018年广东省水海产品养殖情况　单位：万亩

年份	养殖面积	海水养殖	淡水养殖
2000	846.76	292.33	554.43
2001	868.13	304.19	563.94
2002	878.59	312.26	566.33
2003	892.99	325.14	567.85
2004	898.50	331.87	566.63
2005	906.97	336.60	570.37
2006	734.90	240.04	494.86
2007	733.59	238.94	494.65
2008	816.47	284.57	531.90
2009	843.24	292.15	551.09
2010	845.12	298.89	546.24
2011	860.87	305.12	555.76
2012	862.81	302.75	560.06

续表

年份	养殖面积	海水养殖	淡水养殖
2013	855.21	295.80	559.41
2014	847.48	290.54	556.95
2015	734.88	247.76	487.12
2016	721.20	249.30	471.90
2017	710.66	242.53	468.13
2018	718.35	248.42	469.92

资料来源：根据相关年份《广东统计年鉴》整理。

（二）人才资源情况

海洋生物医药产业发展存在对于技术人才的强烈需求。与传统产业相比，海洋生物医药产业存在高技术、高风险、研发周期长、行业进入壁垒高、信息不对称等特性。上述特征决定了该产业在研发技术、设备使用、生产技术、加工工艺等方面均存在较高的技术要求。从实践经验来看，无论是美国、日本等海洋经济强国，还是国内山东省、广东省等地，其海洋生物医药产业发展均离不开人才资源支持。

在国家创新驱动发展道路的引领下，广东省着力培养和引进高端科技研发人才，厚植创新人才优势，努力在海洋生物医药产业发展的人才竞争中占据制高点。通过税收优惠政策、人才引进政策、创新激励政策等方式，为海洋生物医药产业发展提供了良好的人才资源保障。

从科研机构与技术人才情况来看（见表3－3），2018年广东省共计拥有约102万名研究与发展实验（R&D）人员，区域创新能力稳居全国第一梯队；新型研发机构、科技企业孵化器、众创空间等新型创新创业主体蓬勃发展，科技研究机构数得到显著增长，科技综合实力和自主创新能力稳步提升。实际上，无论是专利申请数量、专利申请授权数量、企业R&D人员全时当量，还是企业R&D经费、R&D项目数，广东省均出现总体规模与增长速度的快速发展。

表 3-3　　2008~2018 年广东省研发投入与科研产出情况

年份	国内专利申请受理量（项）	国内外观设计专利申请受理量（项）	国内专利申请授权量（项）	研究与实验发展（R&D）人员（人）	规模以上工业企业 R&D 人员全时当量（人年）	规模以上工业企业 R&D 经费（万元）	规模以上工业企业 R&D 项目数（项）
2008	103883	46901	62031	—	197488	4423514	15280
2009	125673	54399	83621	—	228907	5523733	24888
2010	152907	64335	119343	446579	359476	7036807.5	28423
2011	196272	76927	128413	—	346260	8994412	29243
2012	229514	90335	153598	—	424563	10778634	37460
2013	264265	101683	170430	—	426330	12374791	40759
2014	278358	107067	179953	675206	424872	13752869	42941
2015	355939	116281	241176	680237	411059	15205497	37375
2016	505667	146477	259032	735188	423730	16762749	50740
2017	627834	161631	332652	879854	457342	18650313	73439
2018	793819	209412	478082	1023101	621950	21072031	76985

资料来源：根据国家统计局公布数据与相应年份《广东统计年鉴》整理。

从地方高等教育发展情况来看（见表 3-4），近年来广东省高等教育在校生、毕业生数，高级职称批准人数、享受国家津贴高层次人才新增人数等出现新的突破。2000~2018 年，广东普通高等学校数（所）增长将近 3 倍；2018 年普通高等学校招生数达 57.33 万人，比上年增长 2.67%；普通高等学校在校学生数和普通高等学校毕（结）业生数分别是 196.32 万人和 52.39 万人，呈逐年增长趋势。高等教育事业的快速发展，将为广东省海洋生物医药产业发展提供人才资源和智力支撑。

同时，据全球化智库（CCG）与西南财经大学发展研究院在北京总部发布的《中国区域国际人才竞争力报告（2017）》蓝皮书显示，广东成为引进外国专家最多的省份，并在国际人才创新方面表现最佳。上述现象表明，广东省具备海洋生物医药产业科技创新重大平台建设所必需的人才资源。

表 3 - 4 2000 ~ 2018 年广东省高等教育发展情况

年份	普通高等学校数（所）	普通高等学校招生数（万人）	普通高等学校在校学生数（万人）	普通高等学校毕（结）业生数（万人）
2000	52	12.33	30.6	5.14
2001	62	13.9	38.19	5.88
2002	71	17.21	46.78	8.47
2003	77	22.58	58.78	10.55
2004	94	26.45	72.69	12.52
2005	102	30.7	87.47	15.71
2006	105	33.93	100.86	19.6
2007	109	35.18	111.97	23.31
2008	125	38.45	121.64	28.25
2009	125	43.59	133.41	30.92
2010	131	43.73	142.66	33.42
2011	134	46.87	152.73	35.75
2012	137	50.19	161.68	40.4
2013	138	51.69	170.99	41.23
2014	141	53.54	179.42	44.1
2015	143	55.06	185.64	47.69
2016	147	53.98	189.29	48.94
2017	151	55.84	192.58	51.12
2018	152	57.33	196.32	52.39

资料来源：根据国家统计局公布数据与相应年份《广东统计年鉴》整理。

（三）技术资源情况

第一，海洋生物医药科研机构情况。科研机构发展带来了技术创新资源。《2019 年广东省国民经济和社会发展统计公报》数据显示，广东省共计拥有高新技术企业超 5 万家，拥有国家重点实验室 30 家，国家工程实验室 15 家，国家工程技术研究中心 23 家，省级工程技术研究中心 5351 家。众多的海洋生物医药企业、科研基地和高等院校所拥有的技术优势是大力发展海洋生物医药产业的重要依托。其中，广东省海洋生物医药产业发展时间较早，出现诸如广东昂泰集团、广东海陵海洋生物药业有限公司、广东中大南海海洋生物技术工程中心有限公司、南海海洋生物技术国家工程中心、珠海金湾区生物医药产业园、广东海洋大学海洋药物研究所、广东医科大学等从事和研究海洋生物产业的技术开发的相关机构。同时，广东省加大对创新技术平台的建设，建成两个国家级新药安全性评价（GLP）重点实验室和两个国家级新药临床评价（GCP）中心，建成了广东省海洋药物重要实验室及组建广东省新药筛选重点实验室。上述机构所研发生产的产品涉及海洋生物医药诸多门类，诸如海洋抗肿瘤药物、海洋心脑血管药物、海洋抗菌、抗病毒药物、海洋消化系统药物、海洋消炎镇痛药物、海洋泌尿系统药物、海洋生物保健食品等。

第二，海洋生物医药技术资源情况。从广东省海洋经济发展的技术资源情况来看，2019 年全省有涉海高新技术企业 594 家，其中 2019 年认定涉海高新技术企业 147 家；全省专利授权总量（52.74 万件）、全省有效发明专利量（29.59 万件）以及《专利合作条约》PCT 国际专利申请量（2.47 万件），均居全国首位；全年经各级科技行政部门登记技术合同 33796 项；技术合同成交额 2272.78 亿元，比上年增长 63.9%。

第三，海洋生物医药技术转化情况。广东省属于中国海洋生物医药产业发展的第一梯队。该地区海洋生物医药产业发展基础、产业资源利用、产业发展要素配置等发展优势，带来了较好的产业生产效率。同时，产业规模效应有利于成果转化。广东省海洋生物医药产业的成果转化、产业化技术水平与产业规模都具有良好的基础，在形成产业集聚效应和规模效应等方面具有比较优势，有利于打造海洋生物医药特色品牌，扩大市场辐射范围，推动海洋生物医药产业发展。

二、经济环境

（一）经济发展水平

地区经济发展情况是海洋生物医药产业发展的重要基础和支持条件。广东省地区经济发展水平较高，能够为海洋生物医药产业发展提供良好的支撑。从地区生产情况来看，2019 年广东省全年实现地区生产总值 107671.07 亿元（见表 3－5），按可比价格计算，比上年增长 6.2%。居民人均可支配收入 39014 元，同比增长 8.9%，增速比上年提高 0.4 个百分点。广东省经济总量连续 31 年居全国首位，是全国首个经济总量突破 10 万亿元的省份。

地区消费情况同样是海洋生物医药发展的重要保障。居民消费水平情况不仅能够体现地区经济发展水平，同时也为海洋生物医药产品消费提供可能。2019 年广东省居民消费水平为 39014 元，是全国居民消费水平的 1.41 倍；居民人均工资性收入 26554 元，同比增长 7.3%，占可支配收入的比重达 68.1%，对可支配收入增长的贡献率达 56.3%；社会消费品零售总额 42664.46 亿元，比上年增长 8.0%。上述数据表明，广东省人均收入与人均消费水平均处于全国前列，成为海洋生物医药产业市场规模扩大的重要因素。

表 3－5　　2000～2019 年广东省与全国经济发展指标比较

年份	广东省			全国		
	地区生产总值（亿元）	人均地区生产总值（元/人）	居民消费水平（元）	国民总收入（亿元）	人均国内生产总值（元）	居民消费水平（元）
2000	10741.25	12736	5305	99066.1	7942	3698
2001	12039.25	13849	5445	109276.2	8717	3954
2002	13502.42	15361	6199	120480.4	9506	4256
2003	15844.64	17795	7342	136576.3	10666	4542
2004	18864.62	20870	8800	161415.4	12487	5056
2005	22557.37	24435	9799	185998.9	14368	5671
2006	26587.76	28077	10619	219028.5	16738	6302
2007	31777.01	33272	12336	270704	20494	7434
2008	36796.71	37638	13911	321229.5	24100	8483
2009	39482.56	39436	15243	347934.9	26180	9226
2010	46013.06	44736	17211	410354.1	30808	10550
2011	53210.28	50807	19578	483392.8	36302	12646

续表

年份	广东省			全国		
	地区生产总值（亿元）	人均地区生产总值（元/人）	居民消费水平（元）	国民总收入（亿元）	人均国内生产总值（元）	居民消费水平（元）
2012	57067.92	54095	21823	537329	39874	14075
2013	62474.79	58833	23739	588141.2	43684	15615
2014	67809.85	63469	24582	644380.2	47173	17271
2015	72812.55	67503	26365	686255.7	50237	18929
2016	80854.91	74016	28495	743408.3	54139	20877
2017	89705.23	80932	30762	831381.2	60014	23070
2018	99945.22	88781	35810	914327.1	66006	25378
2019	107671.07	94172	39014	988528.9	70892	27563

资料来源：根据国家统计局公布数据与相应年份《中国统计年鉴》整理。

（二）金融市场建设

海洋生物医药产业属于资金需求高、创新强度大的新兴产业。在产业发展过程中，需要完善的金融市场来提供必要的资金保障。从广东省实际情况来看，该地区属于经济发展与金融发展均较为发达的地区，能够为地区海洋生物医药产业发展提供必要的经济与金融支持。

从金融市场制度建设来看，作为全国经济较为发达、开放程度较高的沿海地区，广东省建立了较为完善的金融市场体系。在地区金融制度建设方面，广东省在全国率先推出金融服务创新驱动发展一揽子政策，从拓宽多元化融资渠道、建设金融平台和机构体系、完善金融保障机制、建立融资绿色通道、设立产业基金、支持企业改制上市、发展融资租赁等措施，到探索设立科技金融综合性服务中心、科技保险、科技小贷、科技担保资金池、科技金融基金等新模式，均取得积极成效。上述制度建设将为推动海洋经济与海洋生物医药产业发展提供良好的支撑。此外，广东省金融市场发展取得了诸多有益成果，如组建国内最大地方民营投资公司、全国首个“互联网+”众创金融示范区、建设国内第一条民间金融街、发布国内首个跨境金融指数、成立国内首家外资控股的合资基金管理公司、发行全国首单信用卡不良资产支持证券和首单小微企业不良资产支持证券、发行自贸区首只交易所市场公募熊猫债等。上述做法在推动落实与中央金融机构合作机制的同时，能够有效加快区域金融改革创新，完善地方金融组织体系，持续深入普惠金融建设，推进防范化解金融风险工作，为海洋生物医药产业发展与企业培育提供有力的金融服务及资金来源保障。

从金融市场发展规模来看，2019 年广东省金融机构本外币存款余额 23.25 万亿元，比上年末增长 11.7%，增幅比上年提高 4.7 个百分点；本外币贷款余额 16.80 万亿元，增长 15.7%，增幅比上年提高 0.5 个百分点。同时，广东省实现了跨境人民币结算业务量连续 8 年全国第一，碳排放权交易量全国第一，资产证券化产品融资规模全国第一。

三、政策环境

（一）国家政策情况

海洋生物医药产业发展需要国家政策的强力支持。海洋生物医药产业属于海洋战略性新兴产业，具有科技含量高、市场潜力大、带动能力强、综合效益好等特性。在此情况下，通过政府实施相应产业规划指导、税收优惠政策、产业园区发展、人力资源配套等措施，将能够有效推动该产业的快速发展。上述发展要求在国内外海洋生物医药产业发展过程中均有体现。

中国海洋生物医药产业的发展得到国家政策的有力支持。从海洋生物医药产业相关政策文件（见表 3－6）可以发现，该产业已经逐渐上升为促进海洋经济领域新旧动能转换、实现高质量发展的重要依托。具体来看，1979 年中国首次召开了海洋药物开发座谈会，显示海洋药物开发研究得到了国家重视；1996 年国家海洋“863”计划将海洋药物研发作为重要发展方向。其后，海洋药物的开发和上市速度明显加快，多种海洋药物被美国 FDA（食品药品监督管理局）或欧盟 EMEA（欧洲药品评估局）批准上市，推动中国海洋生物医药产业取得长足发展。2003 年国务院出台《全国海洋经济发展规划纲要》，将海洋生物医药列为海洋支柱产业，指出要积极发展海洋生物活性物质筛选技术，重视海洋微生物资源的研究开发，加强医用海洋动植物的养殖和栽培；重点研究开发一批具有自主知识产权的海洋药物。2012 年国务院发布《全国海洋经济发展“十二五”规划》，提出重点建设大连海洋生物医药中试与产业化基地，加快研制一批附加值高、市场前景好的新型海洋药物和生物制品。2017 年国务院发布《全国海洋经济发展“十三五”规划》，明确大力发展海洋生物医药、海洋生物制品、海洋生物材料，同时要求建设以上海、青岛、厦门、广州为中心的海洋生物技术和海洋药物研究中心。其后，“蓝色药库”开发计划上升为国家战略，推动海洋生物医药产业快速发展。2018 年 7 月，自然资源部、中国工商银行出台《关于促进海洋经济高质量发展的实施意见》，将海洋创新药物、现代海洋中药产品、新型海洋生物功能制品、海洋特色酶制剂产品、海洋生物基因工程制品和海洋生物材料的研发和产业化作为海洋经济的重点支持领域。此后，2020 年自然资源部先后发布《海洋经济统计调查制度》《海洋生产总值核算制度》等文件，加大对海洋生物医药产业发展的指导力度。

表 3－6　中央政府及部委出台的关于海洋经济的部分政策文件

颁布机构	政策文件名称	发布时间
国务院	《全国海洋经济发展规划纲要》	2003 年 5 月 9 日
国务院	《全国海洋经济发展“十二五”规划》	2012 年 9 月 16 日
国务院	《全国海洋经济发展“十三五”规划》	2017 年 5 月 4 日
国家发展和改革委员会	《关于促进海洋经济发展示范区建设发展的指导意见》	2016 年 12 月 22 日
国家发展和改革委员会	《关于建设海洋经济发展示范区的通知》	2018 年 11 月 23 日
财政部	《关于推进海洋经济创新发展区域示范的通知》	2012 年 6 月 1 日
人民银行、国家海洋局等八部委	《关于改进和加强海洋经济发展金融服务的指导意见》	2018 年 1 月 15 日
国家海洋局、中国农业发展银行	《关于农业政策性金融促进海洋经济发展的实施意见》	2018 年 2 月 1 日

续表

颁布机构	政策文件名称	发布时间
国家海洋局	《第一次全国海洋经济调查领导小组组成的通知》	2013 年 10 月 25 日
国家海洋局	批准发布《海洋经济指标体系》等 13 项海洋行业标准的公告	2013 年 11 月 13 日
国家海洋局	印发《海洋经济指标体系》等 25 项海洋行业标准的通知	2014 年 9 月 18 日
自然资源部、中国工商银行	《关于促进海洋经济高质量发展的实施意见》	2018 年 7 月 27 日
自然资源部	《海洋经济统计调查制度》《海洋生产总值核算制度》	2020 年 5 月 15 日

资料来源：根据相关政府网站公布文件信息整理。

（二）广东省政策情况

广东省在促进海洋生物医药产业发展过程中，同样出台诸多政策制度(见表 3 –7)。从 2001 年《广东省海洋经济发展“十五”规划》到 2017 年《广东省海洋经济发展“十三五”规划》，海洋生物医药都是广东省海洋高新技术产业的重点发展领域。2017 年广东省政府印发《广东省海洋经济发展“十三五”规划》，强调着力培育壮大海洋新兴产业，构建具有国际竞争力的海洋产业新体系，加强海洋生物医药技术创新，加强海洋生物制品精深加工以及加强海洋生物制药研发与产业化；部署打造广州国家产业基地建设、深圳国家产业基地建设、中山国家健康科技产业基地、华南现代中医药城以及珠海生物医药科技产业园；规划依托广州萝岗、深圳坪山等地生物医药项目，搭建海洋生物医药技术支撑平台。2019 年广东省自然资源厅、发展和改革委员会、工业和信息化厅发布《广东省加快发展海洋六大产业行动方案（2019 –2021 年)》中，明确将推进海洋生物医药重点领域研发及应用推广、搭建海洋生物产业服务平台、打造海洋生物产业集聚区作为海洋生物医药产业发展的重点任务。上述政策文件为广东省海洋生物医药产业发展带来了新的机遇和转折点。

表 3-7　　广东省政府出台的关于海洋经济的部分政策文件

颁布机构	政策文件名称	发布时间
广东省人民政府	《广东省海洋经济发展“十五”规划》	2001 年 6 月 14 日
广东省人民政府	《广东省海洋经济发展“十一五”规划》	2007 年 10 月 25 日
广东省人民政府	《广东省海洋经济发展“十二五”规划》	2012 年 4 月 9 日
广东省人民政府	《广东省海洋经济发展“十三五”规划》	2017 年 6 月
广东省人民政府	关于成立广东省海洋经济综合试验区规划建设领导小组的通知	2012 年 5 月 29 日
广东省人民政府	关于成立广东省第一次全国海洋经济调查领导小组的通知	2016 年 7 月 10 日
广东省自然资源厅、发展和改革委员会、工业和信息化厅	《广东省加快发展海洋六大产业行动方案(2019-2021 年)》	2019 年 12 月 20 日

资料来源：根据相关政府网站公布文件信息整理。

（三）其他政策情况

广东省在推进海洋生物医药产业发展过程中，采用资金支持、产业规划等其他政策手段。2018~2020 年，广东省财政厅每年安排 3 亿元专项资金，重点支持包括海洋生物产业在内的海洋六大产业领域创新发展。2020 年广东省政府工作报告明确提出要加快海洋生物等产业发展，在东西两翼布局更多重大产业项目，打造蓝色高端产业集群，培育一批千亿级产业集群，形成世界级沿海产业带。

四、社会环境

（一）社会生活环境

社会生活环境变化尤其是医疗健康环境变化，将对海洋生物医药产业发展提供契机。随着社会发展和自然环境变化的影响，人类疾病谱发生了巨大改变。从目前社会总体疾病发生情况来看，包括心脑血管病、肿瘤等疾病发病率大大增加，相应医疗产品需求显著增加。由于深海生物进化过程中所存在的独特基因，表现出的耐寒、耐热、耐高压等特性，将成为肿瘤、心脑血管疾病、免疫性疾病、神经系统疾病等重大疾病药物先导化合物发现的重要源泉。在此情况下，海洋生物医药产品得到巨大发展机会。

社会医疗健康环境变化推动海洋生物医药产品需求显著增加。预防性药品及与保健相关的产品受到社会高度关注。种类繁多、结构新颖且生理活性独特的海洋生物是宝贵的药物来源，从资源丰富的海洋生物中研发用于治疗重大疾病的海洋创新药物，是人类健康的必要要求，也是科技创新的紧迫使命。根据中国产业研究网公布的数据，世界天然药物销售额以每年10%的速度递增，需求量日益增加。以海洋活性物质和海洋药物资源开发利用为核心的海洋生物医药等海洋战略性新兴产业，已成为未来海洋产业发展的潮流，也是国际社会医药领域竞争的热点。

从国内实际情况来看，急速工业化进程带来的污染和现代生活方式引致的健康问题日增，导致健康消费水平已急剧上升，医疗卫生事业规模也急速膨胀。同时，日益严峻的国内健康环境亟须完善的医疗体系作为保障。随着我国城镇职工基本医疗保险制度和农村医疗保险制度改革的逐步完善、医疗保险制度改革全面推进，医疗保险人群范围增加，总体上会促进医药经济的结构调整，增加海洋生物医药产品的消费需求。2018年联合国工业发展组织的分析报告显示，21世纪中国可能超过美国成为世界上最大的医疗用品市场。

（二）人口因素与市场潜在需求

人口变化尤其是老年人口变化将会直接影响海洋生物医药产业的市场需求。从广东省人口数量来看，广东省人口基数较大、流动人口较多，形成对海洋生物医药产品的强烈需求。2019年广东省常住人口数量11521万人（见表3－8），居全国首位，占全国人口总量的8.23%，同比增加175万人，增长1.54%。同时，广东省人口特征方面不仅表现为规模大，也表现为老年人口占比较高。根据联合国认定的老龄化社会判断标准——65岁及以上老年人口数量占总人口比例超过7%，广东省在2012年便已经进入老龄化社会。其后，广东65岁及以上人口占比出现逐步上升的发展趋势。2019年末广东全省常住人口中65岁及以上占总人口比例为9%，相比2012年提升了2个百分点。老年人口数量方面，2019年全省65岁及以上人口首次突破千万，达到1036.89万人。老年人口是海洋生物医药产品的主要消费人群。随着人口老龄化现象的日趋突出，适合老龄人口疾病特点的治疗药品需求量也相应增加。上述人口变化特征对医疗需求及海洋生物医药需求形成强烈的刺激。在此情况下，广东省海洋生物医药产品发展有着广阔的需求市场。

表 3-8　　2000~2019 年广东省人口变化情况

年份	城镇人口（万人）	乡村人口（万人）	人口自然增长率（‰）	65 岁以上人口占比（%）
2000	2624.7	6025.3	9.92	—
2001	1598.0	7135.0	8.83	—
2002	1796.5	7045.5	8.21	7.74
2003	1779.4	7183.6	8.35	8.09
2004	2049.5	7061.5	8.01	7.91
2005	5579.0	3615.0	7.02	7.40
2006	5949.0	3494.0	7.29	7.11
2007	6099.0	3560.0	7.30	7.36
2008	6269.0	3624.0	7.25	7.56
2009	6423.0	3708.0	7.26	7.48
2010	6910.0	3531.0	6.97	—
2011	6986.0	3519.0	6.10	6.56
2012	7140.0	3454.0	6.95	6.98
2013	7212.0	3432.0	6.02	7.24
2014	7292.0	3432.0	6.10	8.27
2015	7454.0	3395.0	6.80	7.37
2016	7611.0	3388.0	7.44	7.69
2017	7802.0	3367.0	9.16	7.75
2018	8022.0	3324.0	8.24	8.26
2019	8226.0	3295.0	8.08	9.00

资料来源：根据国家统计局、广东省国民经济和社会发展统计公报公布数据整理，部分缺失数据使用 EPS 数据库补充。另，65 岁以上人口占比使用抽样数据估算，其中，2005 年、2015 年为 1% 人口抽样调查样本数据，其他年份为 1‰人口变动调查样本数据。具体抽样比详见相关年份《中国统计年鉴》。

（三）区域创新环境

海洋生物医药产业的高技术、高投入、环境依赖等特性，使其对社会创新环境的要求较高。总体来看，广东省改革开放时间较早，对外开放程度较高，外贸经济较为发达，市场活力较好，无论是政府管理部门还是企业机构主体，对创新发展的重视程度都较高，创新投入规模较大，创新创业活动活跃，整体呈现出宽松良好的创新创业环境。具体而言，广东省区域创新能力连续 3 年居全国首位，为海洋生物医药产业提供了创新发展环境。《中国区域创新能力评价报告 2019》显示，2015～2019 年，广东省创新能力提升步伐明显快于其他省市，领先优势持续扩大；全省实力指标排名第 1 位，知识创新排名全国第 3 位，知识获取排名第 3 位，有效发明专利量、PCT 国际专列申请量及专利综合实力连续多年居全国第一，企业创新、创新环境及创新绩效均排名全国首位。由此可知，广东省区域创新环境能够为海洋生物医药产业的科研突破、技术创新、成果转化提供良好基础。

第二节　广东省海洋生物医药产业的发展现状

一、海洋生物医药产业的总体规模

（一）产业发展规模

随着海洋经济强省建设战略的不断推进，区域经济结构的不断调整，生产技术的不断改进，广东海洋生物医药产业发展迅速且发展潜力较大，但产业总体规模仍然较小，经济社会影响仍然有限。海洋生物医药产业由于行业发展特殊性，需要大量资本投入、科研技术积累，加之风险较高、周期较长，导致发展规模仍然存在明显不足。尤其是与广东省海洋经济其他产业相比，海洋生物医药产业的规模与比重都处于较低水平。

一方面，从海洋经济产业数据对比来看。广东省作为海洋经济大省，其海洋经济支柱产业主要是滨海旅游业、海洋化工业、海洋交通运输业、海洋油气业。2019 年上述产业的产值规模分别达到 3581 亿元、832 亿元、737 亿元、575 亿元。与之相比，广东海洋生物医药产业的发展规模较小，仍然属于地区海洋经济弱小产业。

另一方面，从地区经济发展数据对比来看。广东省海洋生物医药产业在地区经济体系中的影响较弱。2019 年广东省海洋生物医药产业增加值为 3 亿元，同期广东省的国民经济生产总值增加值为 7725.85 亿元，海洋生物医药产业增加值占地区经济总量增加值的比重仅为 0.04% 左右，经济影响仍然较小。

值得注意的是，广东省海洋生物医药产业增加值的总体规模较小，但增长速度较快。2019 年广东省海洋生物医药产业增加值为 3 亿元（见图 3－1），比上年增长 7.9%，同期广东省的国民经济生产总值为 107671.07 亿元，比上年增长 6.2%。如图 3－1 所示，2001 年广东省海洋生物医药产业增加值为 0.3 亿元，到 2019 年广东省海洋生物医药产业增加值达 3 亿元。2001～2019 年，生物医药产业总产值增长了 10 倍，要高于地区海洋经济其他产业发展速度，同时也远远超过同期广东省国民经济增长速度。

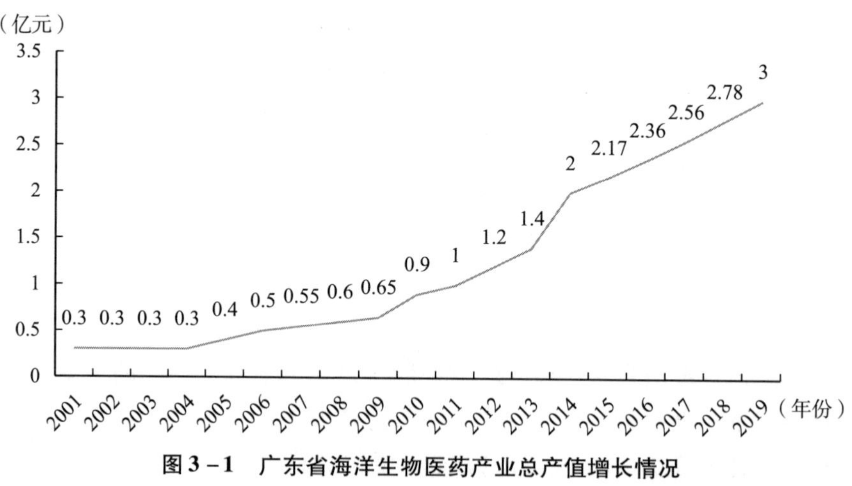

图 3－1　广东省海洋生物医药产业总产值增长情况

同时，从广东省海洋生物医药的上游产业链情况来看。广东省海洋生物医药产业上游产业链相对比较发达，包括海水养殖、海洋捕捞等产业均位于全国前列，为海洋生物医药产业原料获取发展提供支撑。具体来看，广东省海洋生物医药产业制品原材料提取有赖于发展较好的上游产业链。

从海洋生物中提取的天然活性物质，不但是较好的含抗衰老成分制品的原料添加剂，还具有抗肿瘤、抗凝血、抗病毒、抗溃疡、抗过敏、降血脂、促进伤口愈合和预防骨质疏松、预防关节炎等多种生物活性功能。[①] 海洋活性肽、海藻糖、虾青素、贝类珍珠、鱼类等海洋水产生物资源为众多海洋生物医药企业产品研发提供了丰富的资源。如深圳海王集团股份有限公司从鱼类、贝类提取活动化合物，研制出海王牌鱼油软胶囊、海王牌金牡蛎胶囊，广东湛江银浪海洋生物技术有限公司研制出银浪 TM 纳米珍珠护肤品系列美容产品等。

从广东省海水养殖情况来看，2015~2019 年广东省海水鱼养殖产业规模逐年发展，五年时间增长了 74%，总量走在全国前列。2018 年，广东省水产品产量达 842.44 万吨（见表 3-9），占全国（6485 万吨）的 12.99%，其中海水产品产量达 449.17 万吨，占全国（3321.74 万吨）的 13.52%，淡水产品产量达 393.28 万吨，占全国（3123.59 万吨）的 12.59%。不管是海水产品还是淡水产品，广东省都是名列前茅。

表 3-9　　2000~2018 年广东省水产品产量　　单位：万吨

年份	水产品产量	海水产品	捕捞	养殖	淡水产品	捕捞	养殖
2000	593.19	360.45	191.48	168.97	232.74	13.52	219.22
2001	609.67	367.07	188.02	179.05	242.60	13.28	229.32
2002	628.06	374.36	184.72	189.64	253.70	13.30	240.40
2003	648.55	379.21	181.91	197.30	269.34	13.08	256.26
2004	671.38	388.60	177.90	210.70	282.78	12.94	269.84
2005	695.23	397.95	172.05	225.90	297.28	13.03	284.25
2006	658.84	373.59	153.40	220.19	285.25	12.00	273.25
2007	664.34	373.12	150.16	222.96	291.22	11.83	279.39
2008	680.41	376.81	153.83	222.98	303.60	12.49	291.11
2009	702.81	387.36	152.75	234.61	315.45	12.65	302.80
2010	729.03	401.50	152.43	249.07	327.53	12.86	314.67

① 任舒文，管诗华．海洋生物活性提取物在化妆品中的应用［J］．中国海洋药物，2007（2）：47-51.

续表

年份	水产品产量	海水产品	捕捞	养殖	淡水产品	捕捞	养殖
2011	762.14	417.84	152.26	265.57	344.31	12.84	331.47
2012	789.50	432.34	156.61	275.73	357.16	13.06	344.09
2013	816.13	442.40	155.40	287.00	373.72	12.98	360.74
2014	836.49	450.75	156.35	294.40	385.74	12.58	373.16
2015	803.71	434.71	154.00	280.71	369.00	12.26	356.74
2016	818.29	441.54	151.02	290.52	376.75	12.12	364.63
2017	833.54	451.81	148.91	302.90	381.73	12.04	369.69
2018	842.44	449.17	132.44	316.73	393.28	11.53	381.75

资料来源：根据相关年份《广东统计年鉴》整理。

随着养殖苗种繁育技术不断取得新突破，设施养殖技术与模式的不断创新，海水养殖的品种结构出现调整、产品质量不断提高。总体来看，广东海洋捕捞产量虽逐年下降，但海水养殖产量呈逐年递增的发展态势。海水养殖总面积及海水养殖总产量均有所增长。2018 年广东海水养殖总面积达 165.61 千公顷（见表 3 - 10），同比增长 2.4%；海水养殖产量 316.73 万吨，同比增长 46%。其中贝类的养殖产量达到 189.45 万吨，鱼类养殖产量 59.48 万吨，虾类养殖产量 50.75 万吨，蟹类养殖产量 7.46 万吨，分别占广东海水养殖产量的 59.81%、18.78%、16.02% 和 0.26%。对于广东海水养殖面积而言，贝类养殖和虾类养殖面积居于前两位，分别达到了 69.16 千公顷和 52.69 千公顷，分别占广东海水养殖面积的 41.76% 和 31.82%。

表 3 - 10　　2017 ~ 2018 年广东省主要海洋捕捞与海水养殖产品

项目	2018 年	2017 年	2018 年同比增长（%）
海洋捕捞产量（万吨）	127.16	144.14	-11.8
其中：鱼类（万吨）	90.97	102.16	-11.0
虾类（万吨）	13.84	15.17	-8.8
蟹类（万吨）	7.32	8.29	-11.7

续表

项目	2018 年	2017 年	2018 年同比增长（%）
贝类（万吨）	4.43	5.43	-18.3
藻类（万吨）	0.61	0.64	-5.0
头足类（万吨）	6.10	7.62	-19.9
海水养殖总面积（千公顷）	165.61	161.69	2.4
产量（万吨）	316.73	302.9	4.6
其中：鱼类面积（千公顷）	28.45	27.26	4.4
产量（万吨）	59.48	54.04	10.1
虾类面积（千公顷）	52.69	53.64	-1.8
产量（万吨）	50.75	47.64	6.5
蟹类面积（千公顷）	8.20	9.00	-8.9
产量（万吨）	7.46	6.63	12.5
贝类面积（千公顷）	69.16	65.14	6.2
产量（万吨）	189.45	186.11	1.8
藻类面积（千公顷）	2.72	2.37	14.8
产量（万吨）	7.17	7.52	-4.7

资料来源：根据《广东农村统计年鉴 2019》整理。

从广东省海洋捕捞产业情况来看。2018 年我国海洋捕捞产量排名前五的有浙江、山东、福建、广东以及海南。其中广东海洋捕捞产量达到 127.16 万吨，占全国海洋捕捞产量（1044.46 万吨）的 12.17%，一直居于全国前列。传统的鱼类捕捞是广东海洋捕捞产量最高的，其次是虾类和蟹类。在养殖类方面，贝类、虾类和鱼类依次是广东海水养殖的主要类群。随着海洋捕捞压力的持续增加，渔业资源过度捕捞状况日益严重，海洋渔业资源受到环境与时间等条件的限制，再生能力受到制约，导致海洋渔业资源出现衰退现象，海洋捕捞总产量不断减少，2018 年广东海洋捕捞产量同比下降 11.8%。

（二）产业发展特征

广东省海洋生物医药产业分工明细，协作配套效应明显，海洋生物医药产业的产业链逐步完善，产业带动效应和辐射范围有所提升，技术与智力支持显著提升。主要体现在以下三方面。

第一，形成集聚态势。广东省初步形成以广州市、深圳市、珠海市、湛江市、惠州市等为核心的海洋生物育种、海洋医药与生物制品等产业集聚发展态势。产业集聚涵盖以广州和深圳的国家产业基地、华南现代中医药城以及珠海生物医药科技产业园为代表的相关产业园区。同时，这些产业园区通过建设海洋生物医药产业孵化器与加速器，推动海洋生物医药技术成果的有效转化。此外，2019 年广东海洋创新联盟、广东海洋协会组建六大产业七个分会，即海洋生物医药分会、海洋电子信息分会、海上风电分会、海工装备分会、海洋渔业分会、天然气水合物分会、海洋公共服务分会，省内涉海单位充分发挥资源优势进行深度合作、共建共享有助于推动海洋生物医药产业发展。

第二，技术研发成效显著。海洋生物医药产业是海洋生物学、生态学、化学、药理学、微生物学等多学科交叉与先进技术高度融合的技术密集型产业群体，需要先进科研技术与大量高端海洋科技人才。广东海洋生物研发技术具有一定优势，主要体现在海洋科研人才数量较多，能够为产业发展提供相应技术支持。2018 年，广东海洋生物医药产业包含 2548 所科研院所，吸收研究与实验发展（R&D）人才 102 万余人，实现生产与技术的有效交融，为海洋生物产业创新提供技术与智力支持。此外，也有中山大学、广东海洋大学、广东医科大学等专业院校；中南科学院南海海洋研究所、汕头大学海洋生物研究所、广东海洋大学海洋药物研究所等专业研究机构；以及南海海洋生物技术国家工程中心、中山国家健康产业基地、深圳国家生物产业基地、广州国家生物产业基地、珠海金湾区生物医药产业园等科研基地。上述科研机构为广东省海洋生物医药产业提供技术支持，加强相关专业技术人才培养，在海洋生物领域取得了卓有成效的进展，特别是在海洋功能生物资源挖掘、海洋天然产物和海洋药物研发、海洋微生物新型生物酶和海洋蛋白肽的生物制品研发，以及海藻和鱼油等海洋水产品精深加工技术中处于国内领先地位，部分技术接近或达到国际先进水平。

第三，具有成果转化条件。一是创新成果显著。2018 年广东省累计有 143 家海洋生物医药企业申请了专利。2019 年海洋药物产业专利授权为 511 项，全省海洋科技主体日益壮大。二是具备市场化运作条件。2018 年广东省从事海洋药物和生物制品生产或生物技术研发的法人单位超过 500 家，其中上市企业21家，全省新注册从事海洋生物医药技术研发、生产或服务的企业247家。广东省相应企业将产业市场运营情况等通过各大研究机构平台进行交流，科研机构将研究成果在企业进行转化，推动海洋生物医药产业的成果转化。此外，广东省政府与各级地方政府加强技术研发支持，通过各项措施积极鼓励和促进高校、科研院所以及企业研发部门之间的科技交流，搭建科研交流平台政府政策支持、研发主体科技交流、科研机构技术创新、产学研合作平台建设等为海洋生物医药产业成果转化搭建了必要的渠道。

二、海洋生物医药产业的产品种类

广东省海洋生物医药产业的产品类型主要与海洋生物医药产业本身涉及的几大领域相关。海洋生物医药包括海洋生物药物、海洋生物制品和海洋生物医药材料等几大部分，主要产品种类包括基因、细胞、酶、发酵工程药物、基因工程疫苗、新疫苗、菌苗；药用氨基酸、抗生素、维生素、微生态制剂药物；血液制品及代用品；诊断试剂、生化药品及保健品等。其中海洋生物药物的产品集中于抗肿瘤海洋药物、抗病毒海洋药物、抗心脑血管疾病海洋药物、抗老年痴呆海洋药物、泌尿系统海洋药物、消化系统海洋药物、消炎镇痛海洋药物、海洋中药等；海洋生物制品研究的重点领域分别是海洋保健品、海洋生物酶、海洋生物农药、海洋植物促生长剂和海洋化妆品等。

三、海洋生物医药产业的机构企业

从广东海洋生物医药的主要机构企业来看，比较具有代表性的有珠三角地区的广州蓝钥匙海洋生物工程有限公司、海怡康生物科技有限公司、广州健道海洋生物科技有限公司、深圳海王集团股份有限公司、中国科学院南海海洋研究所、中山大学亿达洲海洋生物研究开发中心、南海海洋生物技术国家工程研究中心、广东中大南海海洋生物技术工程中心、中山大学生命科学学院南海海洋生物技术国家工程研究中心等；粤东地区的广东昂泰连锁企业集团有限公司等；粤西地区的广东省海陵海洋生物药业有限公司、湛江市博康海洋生物有限公司等（见表3－11、表3－12）。

表3－11　　广东主要海洋生物医药产业的主要机构

城市	重要企业	成立时间	定位/经营范围/研究方向	代表性技术/产品/研究成果
广州市	中国科学院南海海洋研究所	1959年1月	重点学科领域是热带海洋环境动力与生态过程、边缘海地质演化与油气资源、热带海洋生物资源可持续利用与生态保护和海洋环境观测体系及其关键技术	热带海洋微生物新型生物酶高效转化软体动物功能肽的关键技术；热带海洋生物活性物质的利用技术；南海与邻近热带区域的海洋联系及动力机制；南沙群岛及其邻近海区资源环境和权益综合调查研究等
中山	中山大学亿达洲海洋生物研究开发中心	2001年1月	高附加值人工养殖的海洋药用生物研发；海洋生物中进行药用活性成分分离；基因克隆筛选具有独特结构及治疗功效的先导化合物；开发海洋新药及海洋保健新产品	抗心律失常海洋一类新药的药学研究；大海马工厂化健康养殖技术研究与开发；杂色鲍工厂化健康养殖技术研究与开发；利用抗氧化脱醒技术开发保肝护肾保健高档功能酒；出版《海洋生物制药》著作
广州	南海海洋生物技术国家工程研究中心	2003年6月	营养功能食品、美容护肤品和药品	经国家发改委立项成立的国家级工程研究中心；拥有“中大海珍”“中大因子”等品牌
广州	广东中大南海海洋生物技术工程中心	2004年3月	重点研发克拉维酸、耐高温植酸酶、蝇蛆蛋白项目；进行海洋基因工程新药海葵强心肽的开发、海蛇神经毒素新药的开发	多个具有自主知识产权的功能新基因、国家发明专利、国际发明专利；代表性成果有基质细胞的cDNA文库的建立；肝特异性载体的构建及其在基因治疗和疫苗中的应用等

资料来源：作者根据各地区政府工作报告、海洋经济发展规划以及各机构官网公布资料整理而得。

表3－12　　广东主要海洋生物医药产业的主要企业

区域	城市	重要企业	成立时间	定位/经营范围/研究方向	代表性技术/产品/研究成果
珠三角	广州	广州蓝钥匙海洋生物工程有限公司	1994年4月	生物技术开发服务；海洋服务；商品批发贸易；保健食品批发；保健食品零售	代表性技术产品有蓝钥匙牌采尔胶囊，蓝钥匙牌藻怡胶囊，蓝钥匙牌海藻铬胶囊等；研究成果集中于肠胃系统、保健功能、慢病系统、抗衰老系统

续表

区域	城市	重要企业	成立时间	定位/经营范围/研究方向	代表性技术/产品/研究成果
珠三角	广州	海怡康生物科技有限公司	2005 年 1 月	免疫抗疲劳产品、抗肿瘤产品、抗风湿性关节炎产品	海怡康海水螺旋藻系列产品："海藻康""海精灵"、抗紫外线海藻化妆品等
珠三角	深圳	深圳海王集团股份有限公司	1989 年	医药健康产品研发、制造、流通、零售、互联网健康管理等全产业链，聚焦生物制药、中药现代化、制药新技术；有院士工作站、国家级技术中心、国家高科技研究发展计划成果产业化基地、博士后科研工作站等国家级研发平台	新药研发成果聚焦于抗肿瘤、心脑血管、海洋药物、基因工程、化学合成、中药现代化、转基因等前沿领域；代表性产品包括独一味软胶囊、恩诺健海豹油软胶囊、海王牌螺旋藻片、海王牌鱼油软胶囊、海王牌金牡蛎胶囊、海婴宝牌鳕鱼肝油软胶囊等
粤东	汕头	广东昂泰连锁企业集团有限公司	1995 年 1 月	融新兴农业、科技研发、现代化生产、连锁经营于一体，以纯天然蓝色海洋生物技术开发为重点	首创海滩涂养鳗技术，产品聚焦于具有调节血脂、改善记忆、防止痴呆、免疫调节、抗疲劳、预防肿瘤、调节内分泌、护肤美容等海洋功能食品及药品的研究和开发
粤西	阳江	广东省海陵海洋生物药业有限公司	2003 年 6 月	海洋生物药品、海洋生物保健食品、海洋生物营养食品、海洋生物美容化妆品及个人护理与家庭护理用品、海洋生物医学工程产品	力可泰牌脱氧核苷酸
粤西	湛江	湛江市博康海洋生物有限公司	1986 年	以研究开发海洋生物资源、生产体外检测试剂为主业；全国鲎试剂生产行业第一个符合 GMP 规范化生产的企业；"鲎试剂活性定向生产工艺"技术水平属国内领先	主营鲎试剂、鲎试剂盒、细菌内毒素检查法配套仪器和耗材；代表性产品有鲎试剂、血液细菌内毒素检测试剂盒、内毒素分析仪、真菌（1，3）-β-D-葡聚糖检测试剂盒等；研究成功定量法鲎试剂

续表

区域	城市	重要企业	成立时间	定位/经营范围/研究方向	代表性技术/产品/研究成果
粤西	湛江	湛江安度斯生物有限公司	1997 年	是中国最大的细菌内毒素检测系列产品的生产和供应商，具有各类生物检测试剂产品的独立研发能力	拥有鲎试剂、细菌脂多糖和细菌 1－3－β 葡聚糖检测试剂盒等三个检测产品生产批准文号；鲎试剂及其相关细菌内毒素检测产品的生产技术和产品质量达到国际先进水平
粤西	湛江	广东湛江银浪海洋生物技术有限公司	1997 年	南海海洋生物研究及开发、海洋活性护肤研究，主攻方向是利用海洋生物活性物质为主要成分研制人类日常生活用品	研制出银浪 TM 纳米珍珠护肤品等系列日用化妆品及银浪 TM 纳米珍珠精华面贴膜等系列美容产品；“纳米海水珍珠粉的研制及其在化妆品上的应用研究”自主研发产品居国内领先水平

资料来源：作者根据各地区政府工作报告、海洋经济发展规划以及各企业官网公布资料整理而得。

第三节　广东省海洋生物医药产业的主要问题

一、海洋生物医药产品存在的问题

在海洋生物医药产业发展过程中，产品存在的主要问题集中体现在自主品牌不多、产品结构不够合理等方面。

一方面，产品品牌存在的问题。广东海洋生物医药市场明显趋于国际化，高档次、高附加值产品多为进口、合成药品，省内自主高端品牌较少，多为中低端产品，产品市场竞争力较弱。

另一方面，产品结构存在的问题。广东省海洋生物医药市场产品开发中，产品结构合理性有待提高。产业研究成果大部分属于保健类产品。居民保健意识的提升无疑扩大了保健类产品的市场，但是海洋生物医药类制品对于消费者来说仍然是十分陌生的，加上对市场监管的不到位导致消费者对相关产品信任的缺失，对新产品较难接受，因此也限制了海洋生物医药类产品的大规模生产，阻碍了广东海洋生物医药产业集群形成及发展。

二、海洋生物医药技术存在的问题

第一，研发技术的问题。从海洋生物中提取有效成分，研制海洋生物药物，到进入临床试验阶段，反复试验观察疗效和副作用，再到成果产业化等过程，至少要经过十多年的努力，而且充满了不确定性和高风险。就现阶段而言，广东海洋生物医药实现规模生产难度还比较大。

第二，技术扩散的问题。随着海洋经济发展，行业竞争将趋于激烈。从世界范围来看，生物技术的不断提高，未来海洋医药市场将迎来较快发展。然而，从广东省海洋生物医药产业的集聚发展来看，海洋生物龙头企业相对较少，与小微企业互补不足，产业生态系统还不够完善；资源调查、评估和保护不够，海洋生物资源的独特优势尚未充分发挥。同时，海洋生物医药产业发展平台建设、产业配套资源和产业创新支撑体系等还比较薄弱，资源在区域间的合理配置仍需加强，各地级市间企业的联动优势有待形成，技术扩散与技术传播效果相对欠佳。

第三，生产工艺与生产成本的问题。受工艺技术的限制，广东省海洋生物药品生产成本居高不下，并且科技链不畅、成果转移受阻、转化率低，对行业发展带来不利影响。许多海洋药用生物资源相对匮乏，存在难以大量采集，海洋生物活性成分化学结构奇特、难以人工合成等问题，因而制约了海洋药物的研究和开发。

第四，技术专利转化问题。专利授权时间较长也影响了海洋生物医药产业产品生产。现行专利法早期公开的时间一般是从申请日届满十八个月后，对发明专利采用先形式审查后实质审查，发明专利从申请到授权一般需要两三年以上，在一定程度上制约了整个专利申请程序，不利于海洋生物医药产品专利授权及成果转化。另外，专利审批对实用性的界定过于抽象。关于成果是否具有实用性的判断缺乏市场依据及详细标准，此外专利对产业效能的综合评价机制并不完善，已有专利权的科技成果能否实际营运或者发挥作用的标准模糊，这也是海洋生物医药产品专利成果转化率较低的原因之一。

三、海洋生物医药资金存在的问题

世界海洋生物医药产业巨头在全球收集、筛选优质海洋生物资源，建立资源养殖基地以抢占未来科技竞争制高点。虽然海洋生物医药产业具有高投入特性，但是一旦新药研制成功，所产生的经济效益和社会效益也是非常可观的。与欧美、日本等国家每年投入100多亿美元资金用于开发海洋生物资源相比，目前国内、省内海洋生物医药产业投资力度还是相距甚远。而充足海洋生物医药资金来源是决定海洋生物医药产业健康持续发展的重要因素。为了探索海洋生物医药资金对海洋生物医药产业发展的影响度，以下嵌入灰色关联分析进行论证。

（一）灰色关联分析模型

灰色关联分析是灰色系统理论的重要组成部分，由华中理工大学邓聚龙教授于1982年首先提出，弥补了少数据、任意分布、多角度的研究缺憾，通过关联度、关联矩阵来决定关联序列，使“灰关系”量化、序化、显化，反映各比较序列对参考序列的影响性大小及运行机制影响。

（1）确定分析序列。假设系统行为序列 X_0 为参考序列，$X_i(i=1, 2, 3, \cdots, m)$ 为比较序列，公式如下：

$$X_0 = \{x_0(1), x_0(2), x_0(3), \cdots, x_0(n)\} \tag{3-1}$$

$$X_i = \{x_i(1), x_i(2), x_i(3), \cdots, x_i(n)\} \tag{3-2}$$

式中，X_0 为参考序列，$X_i(i=1, 2, 3, \cdots, m)$ 为比较序列。

（2）无量纲化。系统中的各因素意义不一导致数据的量纲不一。为了便于比较也为保证结果的可靠性，需要采用均值化变换对原始数据进行消除量纲处理，转换为可比较的数据序列。求出各序列的平均值后，用平均值除以对应的各原始数据，得到新序列。

（3）求差序列。用第一列数据与其他数据列作差，求差序列，列式如下：

$$\Delta_i(k) = |x_0'(k), -x_i'(k)|, \Delta_i = \{\Delta_i(1), \Delta_i(2), \Delta_i(3), \cdots, \Delta_i(n)\} \tag{3-3}$$

（4）求极值。在矩阵中最大数就作为最大差，最小数作为最小差，列式如下：

$$M = \max_{i}\max_{k}\Delta_i(k),\ m = \min_{i},\ \min_{k}\Delta_i(k) \tag{3-4}$$

（5）求灰色关联系数。$r_{0i}(k)$ 为比较序列对于参考序列在 k 点的灰色关联系数，列式如下：

$$r_{oi}(k) = \frac{\Delta\min + \zeta\Delta\max}{\Delta_i(k) + \zeta\Delta\max} \tag{3-5}$$

ζ 为分辨系数，$\zeta \in [0, 1]$，ζ 越小，关联系数之间差异越大，当 $\zeta \leqslant 0.5463$ 时分辨能力最好，一般取值为 0.5。

（6）求灰色关联度。数值与该比较序列对参考序列的影响程度成正比：

$$R_{0i} = \frac{1}{n}\sum_{k=1}^{n} r_{0i}(k) \tag{3-6}$$

根据关联度数值大小进行排序分析，从影响性的大小中科学分析和构建海洋生物医药产业创新生态系统。

（二）影响因素关联度分析

根据中国海洋生物医药产业的产业链运作、系统支撑要素、发展动力等因素，以及创新生态系统创新主体、系统演绎逻辑等机理，结合中国海洋经济年鉴等相关统计数据，将海洋生物医药产业增加值设为参考序列，记为 X_0；海洋生物医药产业科研机构数、从业人员数、海洋生物医药行业科研机构经费收入总额、课题情况合计数、发表论文篇数、拥有专利总数、专业学生数作为比较序列，记为 X_i，$i = 1, 2, 3, \cdots, 7$。X_1 代表科研机构数，X_2 代表从业人员数，X_3 代表海洋生物医药行业科研机构经费收入总额，X_4 代表课题情况合计数，X_5 代表发表论文篇数，X_6 代表拥有专利总数，X_7 代表专业学生数，测量比较序列的影响度，为海洋生物医药产业创新生态系统运行模式的构建提供依据。

（1）原始数据。各变量资料来源于中国海洋经济统计公报及中国海洋经济年鉴 2006～2015 年统计数据。数据整理如表 3－13 所示。

表 3－13　　　　　　　　　　　　各变量原始数据

年份	增加值（亿元）	科研机构数（个）	从业人员（人）	科研机构经费收入总额（万元）	课题情况合计（项）	发表科技论文（篇）	拥有发明专利总数（件）	专业学生数（人）
2006	28	3	226	7626	32	39	0	1087
2007	44	3	228	10129. 8	27	36	0	1316
2008	58	3	226	9325. 1	24	47	10	1430
2009	52	4	100	1310	34	19	9	1787
2010	84	4	99	13291	31	17	9	2112
2011	151	3	89	17439	28	15	11	2030
2012	185	2	67	15249	15	10	0	2131
2013	224	2	86	21297	22	9	1	1187
2014	258	2	93	22669	17	2	0	1148
2015	296	2	91	19064	23	7	0	1120

资料来源：中国海洋经济统计公报、中国海洋经济年鉴。

（2）根据式（3－3），对表 3－13 中的数据进行无量纲化处理。结果如表 3－14 所示。

表 3－14　　　　　　　　　　　　无量纲化数据

变量	2006 年	2007 年	2008 年	2009 年	2010 年	2011 年	2012 年	2013 年	2014 年	2015 年
X_0	0. 2044	0. 3167	0. 4226	0. 3776	0. 6074	1. 093	1. 3387	1. 6257	1. 8707	2. 1432
X_1	1. 0714	1. 0714	1. 0714	1. 4286	1. 4286	1. 0714	0. 7143	0. 7143	0. 7143	0. 7143
X_2	1. 7318	1. 7471	1. 7318	0. 7663	0. 7586	0. 682	0. 5134	0. 659	0. 7126	0. 6973
X_3	0. 555	0. 7372	0. 6787	0. 0953	0. 9673	1. 2692	1. 1098	1. 55	1. 6499	1. 3875
X_4	1. 2648	1. 0672	0. 9486	1. 3439	1. 2253	1. 1067	0. 5929	0. 8696	0. 6719	0. 9091
X_5	1. 9403	1. 791	2. 3383	0. 9453	0. 8458	0. 7463	0. 4975	0. 4478	0. 0995	0. 3483
X_6	0	0	2. 5	2. 25	2. 25	2. 75	0	0. 25	0	0
X_7	0. 7082	0. 8574	0. 9317	1. 1643	1. 3761	1. 3226	1. 3885	0. 7734	0. 748	0. 7297

（3）对表 3－14 中各影响因素分别与海洋生物医药产业增加值再求差

序列，分别记为 $\Delta_i(k)$，$i=1$，2，3，…，7（见表 3－15）。

（4）根据差序列矩阵，由表 3－15 可知，矩阵中的最大绝对差为 $M=2.1432$，最小绝对差为 $m=0.0137$。

表 3－15　　差序列阵

增加值	2006 年	2007 年	2008 年	2009 年	2010 年	2011 年	2012 年	2013 年	2014 年	2015 年
$\Delta_1(k)$	0.867	0.755	0.649	1.051	0.8212	0.022	0.624	0.911	1.1564	1.4289
$\Delta_2(k)$	1.5274	1.4304	1.3092	0.3887	0.1512	0.411	0.8253	0.9667	1.1581	1.4459
$\Delta_3(k)$	0.3506	0.4205	0.2561	0.2823	0.3599	0.1762	0.2289	0.0757	0.2208	0.7557
$\Delta_4(k)$	1.0604	0.7505	0.526	0.9663	0.6179	0.0137	0.7458	0.7561	1.1988	1.2341
$\Delta_5(k)$	1.7359	1.4743	1.9157	0.5677	0.2384	0.3467	0.8412	1.1779	1.7712	1.7949
$\Delta_6(k)$	0.2044	0.3167	2.0774	1.8724	1.6426	1.657	1.3387	1.3757	1.8707	2.1432
$\Delta_7(k)$	0.5038	0.5407	0.5091	0.7867	0.7687	0.2296	0.0498	0.8523	1.1227	1.4135

（5）根据式（3－5），得出比较序列与参考序列之间的灰色关联度系数，如表 3－16 所示。

表 3－16　　关联度系数

变量	2006 年	2007 年	2008 年	2009 年	2010 年	2011 年	2012 年	2013 年	2014 年	2015 年
$R_{01}(k)$	0.5598	0.5943	0.6308	0.5113	0.5734	0.9928	0.6399	0.5473	0.4871	0.434
$R_{02}(k)$	0.4176	0.4338	0.4559	0.7432	0.8876	0.732	0.5721	0.5325	0.4867	0.4311
$R_{03}(k)$	0.7631	0.7274	0.8174	0.8016	0.7582	0.8698	0.8345	0.946	0.8398	0.5939
$R_{04}(k)$	0.5091	0.5956	0.3633	0.6621	0.8285	0.7652	0.5674	0.4825	0.3818	0.3786
$R_{05}(k)$	0.3866	0.4263	0.3446	0.3686	0.3999	0.3977	0.4503	0.4435	0.3689	0.3376
$R_{06}(k)$	0.8505	0.7817	0.6866	0.584	0.5897	0.8341	0.9678	0.5641	0.4946	0.4367
$R_{07}(k)$	0.6889	0.6731	0.6866	0.584	0.5897	0.8341	0.9678	0.5641	0.4946	0.4367

（6）根据表 3－16 中的关联度系数，采用式（3－6），得出海洋生物医药产业增加值与海洋生物医药产业发展影响因素之间的灰色关联度及排序，如表 3－17 所示。

表 3－17　　影响因素关联度排序

排序	影响因素	关联度
1	科研机构经费收入总额	0.79517
2	拥有发明专利总数	0.67898
3	专业学生数	0.65196
4	科研机构数	0.59707
5	从业人员	0.56925
6	课题情况合计	0.55341
7	发表科技论文	0.3924

通过灰色关联分析法比较海洋生物医药产业各大影响因素中对海洋生物医药产业的新增值影响较大的因素，得出的结论是海洋生物医药产业增加值与主要影响因素的关联度从高到低依次是科研机构经费收入总额、拥有发明专利总数、专业学生数、科研机构数、从业人员、课题研究情况以及发表科技论文数量。

可以看出，科研机构经费收入总额是对海洋生物医药产业发展影响最大的因素。根据中国海洋统计年鉴数据统计类目，海洋生物医药行业的经费收入主要包括经常费、科技活动借贷款及基本建设中政府投入。2007～2017 年，海洋生物医药行业经费收入占海洋科研机构经费总额的 0.05%～1.3%（见表 3－18），占比较小，反映出海洋生物医药产业科研经费来源，行业科研经费总体不足。政府投资方面，2011～2016 年基本建设中政府投资为 0；在国家大力支持海洋生物医药产业发展的战略方向指导作用下，2017 年基本建设中政府投资新增 988 万元，在政府加大投资的支持下，2017 年海洋生物医药产业增加值为 385 亿元，比上年增长 11.1%，产业发展有了显著提升。但同时，海洋生物医药产业科研资金的主要来源是政府经费，很少有风险投资企业等投资机构的大笔投资，风险资本与证券市场的优势未形成，社会投资力量利用不足，导致海洋生物医药产业的资金缺口较大，投资主体单一化，制约了海洋生物医药产业的发展。

表 3 - 18　2007 ~ 2017 年海洋生物医药产业科研经费投入情况统计

年份	海洋生物医药行业经费收入（万元）	基本建设中政府投资（万元）	海洋科研机构经费收入总额（万元）	海洋生物医药行业经费收入占总额比例（%）
2007	10130	652	773940	1. 30
2008	9325	2704	876965	1. 06
2009	1310	0	1601610	0. 08
2010	13291	567	19550823	0. 07
2011	17439	99	23221895	0. 07
2012	15249	0	25772307	0. 05
2013	21297	0	26556354	0. 08
2014	22669	0	31009893	0. 07
2015	19064	0	33334007	0. 06
2016	22669	0	31009893	0. 07
2017	18075	988	24988205	0. 07

资料来源：根据中国海洋统计年鉴整理得出。

第四章　广东省海洋生物医药产业发展的区域情况

本章考察广东省海洋生物医药产业发展的区域情况。在国家、省委省政府的战略政策方针指导下，广东省海洋生物医药产业得到全面发展，各地区逐步加大对海洋生物医药产业的支持力度，推动了地区海洋生物医药产业发展。具体来看，广东省广州市、湛江市、珠海市、深圳市、中山市等地海洋生物医药产业发展情况良好，同时具有各自的发展特征。

第一节　广州市海洋生物医药产业发展

一、海洋生物医药产业发展基础

广东省广州市是国家海洋生物医药产业的重要基地。从该地区产业发展条件来看，资源基础、地理区位、政策措施等方面存在良好优势，能够有效支撑产业发展。

（一）广州市的资源基础

一方面，从自然资源基础来看。广州市海域总面积约 399.92 平方千米，海岛总面积约 100.41 平方千米，海岛岸线长约 136.22 千米。现有海岛 14 个，分布于黄埔区、番禺区和南沙区。同时，广州市海域处于珠江水系的入海口，海域具有海洋属性又有河口属性，为典型的咸淡水混合区，地貌以丘陵和冲积平原为特征，生态系统复杂多样，在径流和海流相互作用下，泥沙堆积，滩涂发育，自然演变形成众多相间的滩槽，是良好的海洋生物栖息和繁殖场所。此外，广州市气候温暖多雨、阳光充足、温差较小、夏长冬短、霜期短，适合众多海洋生物的产卵和仔稚鱼生长发育。在此情况下，广州市海洋资源较为丰富，为海洋生物医药上游产业链形成和发展提供了必备的资源基础。

另一方面，从生物医药资源基础情况来看。广州市具有良好的医疗医药研发与生产资源，能够为海洋生物医药产业发展提供良好的研发技术基础。广州市属于中国三大医疗中心之一，医疗与医药资源相对丰富。2018年广州市拥有61家三甲医院，数量位列全国前三，拥有大量具备药物临床试验资质的医疗机构，成为支撑海洋生物医药产业链下游临床研究和转化研究的良好基础。

（二）广州市的地理区位优势

广州市属于广东省省会，位于珠三角的几何中心。广州市作为国家重要中心城市、华南经济中心和岭南文化中心，是海上丝绸之路的主港和对外贸易海岸，素有祖国“南大门”之称。广州市地处“日韩—东南亚—大洋洲”这一亚太经济走廊的中心位置，是我国南方航运、铁路、公路和航空的交通枢纽，濒临南海，面向国际，对外商贸区位优势明显。同时，广州市作为粤港澳大湾区中心城市，拥有国家生物产业基地和国家医药出口基地的叠加优势，广州南沙自贸区、广州港和白云空港等城市资源是广州参与国家众多国家战略的主要平台，在我国新一轮对外开放大格局中发挥重要作用。上述地理区位优势形成海洋生物医药产业发展的良好基础。广州市可依托区位优势，拓展与邻近经贸合作组织的海洋生物医药产业合作，促进产业贸易往来，打造产业合作基地，优化完善海洋生物医药产业空间布局，发展国际性战略功能平台。

（三）广州市的政策支持条件

广州市在产业规划与发展过程中，给予海洋产业与海洋生物医药产业良好的政策支持。

首先，从国家政策支持层面来看。广州市可以利用国家相关政策来推动海洋生物医药产业发展。具体来看，近年来广州市全面加快南沙国家新区和自贸片区的开发建设，积极参与粤港澳大湾区建设；积极探索建立与国际投资贸易通行规则相衔接的体制机制。在此过程中，广州市充分利用上述政策优势，大力推进海洋产业结构调整和优化，推进包括海洋生物医药产业、临海国际保税物流、国际邮轮旅游、海洋现代服务业等高端产业的发展，形成具有相当规模和发展前景的海洋特色产业群。

其次，从广东省政策支持层面来看。《广东省加快发展海洋六大产业行动方案（2019—2021 年）》中，明确要求加快广州、深圳、湛江等市海洋生物医药研究技术管理平台和创新孵化器建设，推动靶向药物、抗结核药、病原生物核酸检测、鱼类高效疫苗等重大科技项目储备和研发成果转化，建设海洋生物医药中试平台和海洋生物基因种质资源库。同时要求加快广州南沙国家科技兴海示范基地建设，打造海洋生物产业集聚区。此外，在《广东省珠江三角洲地区改革发展规划纲要（2008—2020 年）》中，强调海洋领域重点发展海洋生物、海洋资源综合利用等新兴产业，把广州、深圳国家高新技术产业开发区建设成为全国领先的科技园区。广东省出台这些相关政策文件无疑将为广州市海洋生物医药产业发展带来良好的机遇。

最后，从广州市政策支持层面来看。广州市在自身产业发展与规划过程中，同样强调对海洋生物医药产业的引导与支持。《广州市海洋经济发展“十三五”规划》指出，要建立海洋药物重点实验室和海洋生物资源中心，依托海珠区海洋生物技术产业示范基地、生物岛以及南海海洋生物技术国家工程中心等载体，做强海洋生物医药生产性服务业，将海洋生物医药产业的发展作为“培育壮大海洋新兴产业”的优先发展产业之一，打造具有国际竞争力的现代海洋产业体系。此外，《广州市生物医药产业发展五年行动计划（2017—2021 年）》提出将广州建设成为中国重要的生物医药创新强市和具有全球影响力的生物医疗健康产业重镇。在此情况下，上述支持政策将为广州海洋生物医药产业发展提供方向，同时也为该产业发展提供税收优惠、资金扶持、配套措施等方面的实际支持。

二、海洋生物医药产业规模

（一）产业规模情况

广州市海洋生物医药产业的发展基础条件优越，发展情况良好。目前广州市海洋生物医药产业总体规模在广东省各地级市中排名前列，产业发展速度较快。“十二五”期间，广州市海洋经济实力得到快速提升，海洋生产总值由1547.21亿元增加到2632.82亿元，年均增速达14.96%，高于全市地区生产总值同期年均增速。在此过程中，海洋生物医药产业规模同样得到快速发展。2018年广州医药制造业实现产值313.84亿元，同比增长8.1%，位居大湾区九城第一梯队。《广州市海洋经济发展第十三个五年规划》提出，到2020年，广州市海洋生产总值力争突破3900亿元，年均增长8.5%；包括海洋生物医药产业在内的海洋新兴产业增加值年均增速15%以上，占海洋生产总值比重大幅提高。

（二）产品研发情况

广州市海洋生物医药产业的产品类型涵盖海洋生物药品、海洋膳食纤维制品、非抗生素类灭菌剂制品、海洋营养功能食品、海洋美容护肤品、海洋生物保健食品、海洋基因工程新药、海洋生物医学工程等方面。其中，主要产品包括如下类型：一是免疫抗疲劳产品、抗肿瘤的海洋生物制药产品，如海怡康生物科技有限公司的海怡康海水螺旋藻系列产品；二是降血脂类海洋膳食纤维制品，如广州蓝钥匙海洋生物工程有限公司的蓝钥匙牌采尔胶囊，蓝钥匙牌藻怡胶囊，蓝钥匙牌海藻铬胶囊等；三是环保的非抗生素类灭菌剂，如广州健道海洋生物科技有限公司的几丁聚糖抗菌凝胶；四是海洋营养功能食品和海洋美容护肤品，如南海海洋生物技术国家工程研究中心研发的“中大海珍”“中大因子”等品牌产品；五是海洋保健品，如广州市福康来生物科技有限公司的海洋胶原蛋白产品；六是海洋基因工程新药，如广东中大南海海洋生物技术工程中心研发的海葵强心肽的开发、海蛇神经毒素新药等。

（三）企业机构情况

广州市利用其产业发展优势、地理区位优势、政策支持优势、金融市场优势，培育大量海洋生物医药企业与相应研发机构。2019年广州市共建成生物医药领域国家级工程中心（实验室）13家、专业孵化器13个，各级重点实验室153家、工程技术中心115家、企业技术中心51家。在此过程中，广州市出现大量具有带动效应的核心机构企业，如广州蓝钥匙海洋生物工程有限公司、海怡康生物科技有限公司、广州健道海洋生物科技有限公司、中国科学院南海海洋研究所、南海海洋生物技术国家工程研究中心、广东中大南海海洋生物技术工程中心等。此外，也形成以广州国际生物岛、南沙海洋科技创新基地、广州科学城、中新知识城、健康医疗中心、国际健康产业城、国际医药港等特色园区协调发展的格局。上述企业机构在海洋生物医药产业发展过程中，为海洋生物医药产品的研发、中试、生产提供了必要的条件。

（四）产业技术创新机构与平台情况

广州市在海洋生物医药产业发展过程中，强调技术发展与技术创新，突出技术创新机构与平台的作用。2017 年以来，广州市不仅积极引进 GE 生物产业园、百济神州生物制药等重大生物制药产业创新枢纽项目，还积极促进广州健康医疗中心产业基地、广东冠昊生命与健康产业园等潜力追赶型基地的进一步提升发展。同时，大力推动广州白云生物医药产业基地、广州大学城健康产业产学研孵化基地、荔湾东沙医药健康总部集聚区等重点支持型基地加快建设，营造良好产业生态环境，引进一批有全球影响力的优质企业和战略性项目。《2018 年广东省海洋经济发展报告》数据表明，2018 年底广州拥有国家和省属涉海科研院所 17 所，省部级海洋重点实验室、重点学科 25 个，国家级海洋科技创新平台 3 个，海洋科技服务人员超 5 万人。在此情况下，创新资源的集聚驱动力促使区域乃至全球产业链、价值链、创新链、供应链、人才链整合一体不断向广州集聚。

（五）产业技术转化情况

在海洋生物医药产业的发展进程中，广州市积极地推动技术研发和科研成果产业化。2017 年广州市成功举办首届官洲国际生物论坛，永久会址落户广州国际生物岛，近年来迅速成为全球最著名的生物医药产业国际论坛之一。2019 年 6 月广州举办十二届中国生物产业大会，通过政府支持和产学研的协作，推动技术、人才、资金等资源向生物产业集聚，成为全球生物技术与产业领域规格较高、规模较大、特色较为突出的专业性年度盛会，也是国际级的“生物产业风向标”。此外，广州市海洋生物医药产业发展过程中，侧重于对外学习利用高校和科研机构较为成熟的科研技术，对内激励内部研发团队的创新，保持研发模式的良性循环，大大促进海洋生物医药品的研发进程。

三、海洋生物医药产业特征

第一，产业发展的集聚效应逐渐显现。广州海洋生物医药产业主要以“龙头+网络”的形式聚集在一起，海珠区、南沙新区、黄浦片区打造海洋高科技产业发展核心区，目前已经形成海洋生物医药、大健康产品、健康服务业等先进优势产业。其中广州南沙区是我国重点发展的海洋高技术产业基地，而以广药集团为领头集团的医药企业集群更是聚集400余家研发生产企业，全力研究有关海洋生物医药品的开发。截至2019年底，广州市共建成生物医药领域国家级工程中心（实验室）13家、专业孵化器13个，各级重点实验室153家、工程技术中心115家、企业技术中心51家。陆续引进了海内外高端生命科学人才50多名；引进诺诚健华、百济神州、GE、绿叶、赛默飞、冷泉港等高端生物医药产业项目近30个，总投资超200亿元，预计总营收超千亿元；在这些领域已形成全国第一梯队的科研机构，全国第一方阵的企业。众多高科技人才的集聚和百亿级生物产业投资引导基金提供了海洋生物医药企业发展的人才资源和解决了融资困境。

第二，政策引导效果显著。广州市海洋经济“十三五”规划中将海洋生物医药产业列为海洋新兴产业主要发展领域，研发海洋创新药物和保健品等，将广州打造为海洋生物制药产业核心示范基地，推动广州成为广东省海洋生物医药产业核心聚集区。2019年出台“广州科创12条”，启动首批8个重大研发专项，专利、发明专利授权量分别增长16.7%和13.2%，技术合同成交额1273亿元，增长77%，促进科技创新领域的协同创新。《广州市生物医药产业发展五年行动计划（2017—2021年）》提出，将广州建设成为中国重要的生物医药创新强市，具有全球影响力的生物医疗健康产业重镇。计划到2021年，生物产业规模实现5000亿元，增加值达1200亿元，占GDP比重超过4%。

第三，创新资本来源较为广泛。广州市拥有大湾区最多的政府引导基金，规模达4442.8亿元。2017年广州市政府主导的总规模100亿元的广州市生物医药产业投资基金成立，将发挥政策导向和杠杆放大作用，引导社会资本聚焦投资广州市生物医药产业领域，为产业发展提供更有力的资本支撑。当年广州市注册投向领域为生物医药产业的投资机构已有72家，累计投资事件数量达1238起；广州市境内企业共披露融资143起，披露融资金额合计111.5亿元。2018年广州市政府发布《广州市加快生物医药产业发展若干规定（试行）》，鼓励自主研发及产品的本土转化，对进入临床研究的生物新药项目，给予50万~200万元的经费扶持；2019年科技信贷风险补偿资金池撬动银行贷款超过140亿元。牵头完成的9个项目获国家科学技术奖，占全省的90%。

第四，协同创新体系较为完善。广州市利用南海海洋生物技术国家工程中心、广州国家生物产业基地、广州国际生物岛、广州国际医药港、南沙海洋科技创新基地、广州大学城健康产业产学研孵化基地等众多的海洋生物科研基地，为海洋生物产业的发展提供先进的技术、优秀的海洋生物人才，重点发展海洋生物技术产业，培育壮大海洋生物医药产业与海洋生物技术产业。同时，广州市集聚了丰富的高等院校资源，拥有综合型院校及医学类高端院校26所，其中医学类高等院校4所，61家三甲医院。目前广州市海洋生物医药产业拥有了较为完善的海洋技术开发和中试、生物产品制造和技术服务的产业链，拥有完备医药产业产学研技术创新体系，形成了大学、研究院所、实验室和上百家高层次企业组成的产业创新布局，能最大化地产学研结合在一起，这也是广州海洋生物医药产业快速发展的重要原因。

第二节　湛江市海洋生物医药产业发展

一、海洋生物医药产业发展基础

湛江市具有发展海洋产业的良好地理区位优势。湛江市三面环海，东向南海，西邻北部湾，南望海南岛，北靠大西南，有着长达1500多千米的海岸线，拥有海洋滩涂面积148.7万亩，在广东省排名第一。拥有汉代海上丝绸之路始发港遗址，是海洋生物资源丰富，后发优势明显的海洋大市。湛江市地处热带、亚热带地区，海洋生物种类繁多，拥有全省乃至全国保存最完好的红树林、珊瑚礁和海底草场三大海洋生态系统。天然有利的地理条件、富饶多样的海洋生物资源、多项国家政策红利的支持促进了湛江市海洋经济的发展，也是湛江市发展海洋生物医药产业的有力筹码。

湛江市同样具备发展海洋生物医药产业的丰富海洋生物药源。目前湛江市沿海已采集到的浮游植物（硅藻、甲藻、裸甲藻和绿藻）73 种、浮游动物 7 类 60 种，常见鱼类 173 种、大型甲壳类 118 种、头足类 30 多种，经济贝类 50 多种，生物物种多样性丰富，是重要的天然种质资源库和药用生物资源宝库。潮间带生物量和栖息密度大，湛江港和雷州湾潮间带平均生物量为 119.15 克/平方米，栖息密度为 110.4 个/平方米；北部湾潮间带平均生物量为 172.45 克/平方米，栖息密度为 263 个/平方米。湛江海域的初级生产力较高，大多数港湾盐度适中，风浪小，饵料生物丰富，为海洋生物产卵、孵化提供了天然场所。目前湛江市用于海洋生物医药的原材料多数为初级产品，如虾壳、蟹壳和海带等，对其他深海珍稀物种、活性物质等药源开发还有较大更为广阔的空间。

二、海洋生物医药产业规模

湛江市海洋生物医药产业发展迅速且发展潜力较大，但产业总体规模仍然较小，经济社会影响仍然有限。2010 年湛江市海洋生物医药产业产值总产值为 0.38 亿元，2016 年总产值达到 0.86 亿元。海洋生物医药产业由于行业发展特殊性，需要大量资本投入、科研技术积累，加之风险较高、周期较长，导致目前发展规模仍然存在明显不足。与湛江市海洋经济其他产业相比，海洋生物医药产业的规模与比重都处于较低水平。

一方面，从海洋经济产业数据对比来看。湛江市作为传统海洋经济大市，其海洋经济支柱产业主要是海洋渔业、海洋化工业与海洋油气开发业。2016 年上述产业的产值规模分别达到 455.05 亿元、395.73 亿元、335.94 亿元（见表 4－1）。与之相比，湛江市海洋生物医药产业的发展规模较小，仍然是地区海洋经济中的弱小产业。

另一方面，从地区经济发展数据对比来看。湛江市海洋生物医药产业在地区经济体系中的影响较弱。2016 年湛江市海洋生物医药产业产值为 0.86 亿元，同期湛江市的国民经济生产总值为 2258.7 亿元。海洋生物医药产业占地区经济总量的比重仅为0.03%左右，经济影响仍然较小。

表4-1　　2010~2016年湛江主要海洋产业产值　　单位：亿元

产业	2010年	2011年	2012年	2013年	2014年	2015年	2016年
海洋生物医药产业	0.38	0.41	0.43	0.59	0.71	0.78	0.86
海洋渔业	131.67	190.33	305.76	344.09	378.01	415.05	455.32
海洋化工业	281.72	340.98	260.29	333.16	328.54	360.74	395.73
海洋油气业	263.21	269.88	269.05	251.97	278.9	306.23	335.94
滨海旅游业	65.32	92.92	127.13	155.46	205.67	225.83	247.73
海水利用业	28.9	32.12	25.97	54.38	65.38	71.79	78.75
海洋交通运输业	32.85	33.79	38.4	41.22	50.23	55.15	60.5
海洋工程建筑业	5.19	8.61	12.02	9.23	11.36	12.47	13.68
海洋船舶业	5.19	6.34	7.35	8.3	10.2	11.2	12.29
海洋电力业	0.78	1.77	2.77	1.22	2.31	2.54	2.78
海洋盐业	0.4	0.41	0.35	0.32	0.47	0.52	0.57
其他海洋产业	39.18	64.04	87.57	74.99	80.51	88.4	96.97

资料来源：根据湛江市渔业与海洋局统计资料整理。

湛江市海洋生物医药产业的增加值数据同样证实上述特征。湛江市海洋生物医药产业的增加值规模仍然较小。2010年行业增加值为2096万元，到2016年增加到6359万元，总体规模仍然偏小。值得注意的是，湛江市海洋生物医药产业增加值的总体规模较小，但增长速度较快。2010~2016年，生物医药产业增加值增长303.38%，要高于地区海洋经济其他产业发展速度，同时也远远超过同期湛江市国民经济增长速度。

三、海洋生物医药产业特征

第一，海洋生物产业总体发展优势明显。湛江海洋生物医药产业发展定位水平较高，同时海洋资源与海洋环境保护相对较好，具有较好发展潜力。随着湛江海洋生物技术的综合利用以及海洋生物产业化、多元化等方面的发展，螺旋藻、珍珠蜂皇浆等一批药物试剂和保健品以及美容系列产品纷纷亮相市场，海洋生物食品异军突起，成为加速湛江海洋经济发展的又一个新亮点。龙头企业形成的技术资源有效打开更为广阔的海洋生物医药产业市场，如湛江博康海洋生物医药有限公司所进行的海洋生物制品，鲎试剂研发；湛江安度斯生物有限公司研发的东方鲎试剂及相关产品，细菌内毒素检查；广东双林生物制药有限公司和湛江安特医药科技有限公司进行的血液制品、人血白蛋白，免疫球蛋白研发；广东奥普斯生物科技有限公司研发的高端无血清细胞培养基；广东同德药业的中成药胶布气雾剂；广东红珊瑚药业的药品保健研发；湛江银浪海洋生物技术有限公司纳米海水珍珠粉的研制等。形成了一批新生产线、新产品和新示范工程，市场份额逐年增多，产生了巨大的经济效益及社会价值。当然，上述优势在很大程度上源于广东省海洋生物医药产业发展的滞后。虽然广东省属于海洋经济强省，但在海洋生物医药产业领域优势并不明显，产业规模相对较小。广州市与珠海市同样面临上述问题，产品规模相对较小、产品市场影响相对较低。与此同时，湛江市作为广东省的海洋经济大市与海洋资源大市，在海洋生物医药产业领域具有明显生产能力优势。

第二，产业发展基础与配套设施良好。一方面，海洋生物医药产业的发展有较好的平台。湛江市在 2018 年已拥有涉海重点实验室 10 家、国家级企业工程（技术）中心 7 家、省级企业工程（技术）中心 14 家、市级科技创新服务平台 10 多家。海洋产业龙头企业 R&D 投入占销售收入比重 3% 以上，取得大量科研成果，获得国家科学技术奖、省部级科学技术奖 110 多项。另一方面，海洋生物医药产业发展有一定的人才资源。湛江拥有 70 多所中专职业技术学校、6 家部省属科研所，全市专业技术人才近 19 万人，有关海洋产业发展从业人员已逾 20 余万人，有充足的智力与人才支持。全市从事海洋战略性新兴产业科技工作人员达 30000 人，中、高级职称人员近万人。

第三，海洋科技支撑力量不断增强。一方面，依托区域示范成果转化与产业化项目，推动涉海企业、科研机构、大专院校协同创新，开展重大关键技术协同攻关，有效促进海洋科技创新与产业发展深度融合，推动资金、资源、科技、人才等要素向海洋生物医药产业集中，海洋生物医药产业发展的科技支撑力量不断增强。另一方面，随着 2019 年湛江创新驱动发展战略加快实施，南方海洋科学与工程广东省实验室（湛江）首批 9 项科研项目启动，湛江海洋科技产业创新中心加快建设。从总体发展来看，湛江市海洋生物医药生产技术具有一定竞争优势。早在2005年，广东海洋大学药物研究所在广东省政府的大力支持下，从南海区域的一种海洋生物中分离出来了“福安肽”抗癌成分，经过反复科研实验，已经确定其对人身体病危细胞的生长有显著的抑制作用。此外，湛江在中华鲎试剂技术、纳米海水珍珠粉的研制等方面可以说在国内都是领先技术创新，利用红蟹、龙虾甲壳提炼精制而成的几丁聚糖胶囊，被称为“人类第六大生命要素”，市场潜在价值突出。

第四，政府支持力度不断增加。湛江市政府制定《“十三五”海洋经济发展规划》《湛江市“十三五”海洋经济创新发展区域示范工作总体实施方案》《湛江市海洋产业发展规划（2012—2020年）》《南方海谷规划》等政策，将海洋生物医药产业列为促进海洋产业结构持续优化的重点发展产业，规划重点发展海洋生物制药等新兴海洋产业。以麻章区调塾村、霞山智慧城为启动区，奋勇高新区主要作为承接项目产业化载体，逐步构建起科技城、科技园、孵化器三个层级互动发展的“海洋产业创新中心”框架体系。

第五，产业集聚程度不高。湛江市海洋生物医药产业的产业链结构相对较为完整、相关产业发展情况较好，但产业集聚程度不高。与之相比，广州市与珠海市在产业集聚程度方面则存在明显优势，集聚发展趋势良好；广东省同样在促进产业集聚发展方面要优于湛江市。此外，湛江在海洋生物医药产业科研机构数量、科研人员数量等方面具有比较优势，但科研成果情况并不理想。当然，湛江市作为海洋经济大市，受益于海洋渔业、海水养殖、水产品加工等行业发展，其配套产业完善程度要优于广东省其他地区。

第三节　珠海市海洋生物医药产业发展

一、海洋生物医药产业发展基础

珠海市具有海洋生物医药产业发展的良好条件与产业基础。从近年发展情况来看，珠海市将其区位优势、港口优势、资源优势、产业优势转化为海洋生物医药产业的发展优势，由此实现该产业发展层次、发展规模和发展水平的不断提升。

（一）资源基础

珠海市是珠三角城市中海洋面积最大、岛屿最多、海岸线最长的城市。全市海域辽阔，海域面积6000多平方千米，是陆域面积的3.6倍；滩涂广布，滩涂面积227平方千米；岛屿众多，海岛218个。海洋旅游、海洋生物、海洋可再生能源等资源丰富。

（二）地理区位优势

珠海市地处珠江出海口，濒临南海，联结着珠江三角洲与内地广阔的腹地，毗邻港澳，紧靠东南亚。同时，珠海市作为港珠澳大桥内地接口城市，将成为内地唯一与香港、澳门同时陆路相连的城市，是21世纪海上丝绸之路建设、粤港澳大湾区、中国与东盟国际经济合作、实施南海综合开发战略的前沿。从未来发展趋势来看，在港珠澳大桥通车后，珠海市成为内地唯一与香港、澳门陆桥相连的城市，其优越的地理位置将为海洋生物医药企业跨区域合作带来信息流、资金流和物流的便利，也让珠海海洋生物医药行业迎来重大发展机遇。

（三）政策条件

珠海市加大对海洋生物医药产业的扶持力度，相继颁布《珠海市特色海洋经济发展规划（2013—2020年）》《珠海市海洋经济发展“十三五”规划》等政策支持海洋生物医药产业的发展，进一步明确珠海市海洋经济发展方向，提出到2020年海洋产业总产值达到1800亿元，年均增长约13.5%。

二、海洋生物医药产业规模

（一）产业总体规模情况

珠海市海洋产业发展规划主要以海洋生物医药、滨海旅游、海洋工程装备、游艇及船舶、海洋油气等为重点。根据中国海洋报和中商情报网公布数据，2018 年珠海市海洋产业总产值 1429.3 亿元，同比增长 14.87%，海洋经济总量创历史新高。截至 2018 年 12 月底，珠海市共有药品生产企业 261 家，医疗器械生产企业 339 家。海洋药物和生物制品企业超 30 家，拥有亿邦制药、丽珠医药、汤臣倍健、金鸿药业等多家总部设在珠海的海洋生物医药上市企业，还有一批创新能力强、成长性良好的科技型中小企业，是全国海洋生物医药产业高度集聚的地区之一。

（二）产品研发情况

珠海市海洋生物医药产业中传统产品仍占较大比重，但从近期发展情况来看，产品层次有所提升，开始着重研究开发基于海洋微生物表面活性剂的功能性化妆品和功能性饲料等高附加值应用产品；重点开发具有预防治疗心血管疾病、护肝、降血糖、降血脂、免疫调节、减肥和抗衰老等功能的海洋高端脂类保健食品；建设海洋微生物表面活性剂产品的示范生产线；建设包括片剂、胶囊和软胶丸类海洋功能食品的示范生产线及示范生产基地。

（三）产业发展平台支撑情况

珠海市是广东省三大生物医药产业基地之一，在 2018 年已拥有医药产业公共服务和创新平台 6 个、国家重点实验室 1 个，形成了以生物医药、医疗器械、保健品等为一体的较为完善的产业布局。此外，珠海市的海洋生物医药产业发展充分利用中山大学在海洋生物、海洋天然产物、药学以及医学的学科与平台优势，依托南海海洋生物技术、“新药成药性评估及评价”国家工程研究中心、“广东省新药设计与评价重点实验室”等国家和省级平台，联合广东相关高校、科研院所以及生物医药龙头企业协同攻关，建设海洋生物和药物的研发中心及产业化公共服务平台。

（四）产业发展园区建设情况

珠海市在产业发展过程中强调依托产业园区建设来推动产业发展。在此过程中，形成包括三灶生物医药科技园、粤澳合作中医药科技产业园、南方海洋科学与工程广东省实验室（珠海）等重点园区。具体来看，上述产业园主要具备如下特征。

其一，三灶生物医药科技园。三灶生物医药科技园利用产业孵化器、生物医药研发平台、公共环保平台、投融资平台等产业支撑，发展成为全国知名的医药生产基地，被列为广东省三大医药产业基地之一。该园成立于1999年，已累计引进生物医药、医疗企业、生产企业、药品经营、研发及医疗服务机构近百家，是目前珠海市的核心产业集聚区，生物医药产值约占珠海全市的80%，重要发展方向是生物药、创新药、高端医疗器械、医疗人工智能等。该园目前初步形成了以珠海联邦制药股份有限公司、丽珠医药集团股份有限公司、珠海亿邦制药股份有限公司、广东汤臣倍健生物科技股份有限公司和珠海康德莱医疗产业园等为龙头，集生物制药、化学药、医疗器械、保健品等为一体的完善产业链，以产业聚集形态为特征的产业集群体系。

其二，粤澳合作中医药科技产业园。粤澳合作中医药科技产业园在珠海市海洋生物医药产业发展过程中同样具有重要影响。位于横琴新区的粤澳合作中医药科技产业园，是《粤澳合作框架协议》首个落地项目，承担着推动粤澳产业合作和促进澳门经济适度多元发展，以及建设中医药产业“走出去”的国际平台的重要使命。截至2018年11月底，产业园累计注册企业107家，涉及中医药、保健品、医疗器械、医疗服务领域。其中澳门企业26家，10家属于新培育的中医药企业，9家为澳门传统中医药企业投资新设立的企业。该产业园还与澳门大学中药质量研究国家重点实验室、北京大学天然药物及仿生药物国家重点实验室，共同成立了珠海市横琴新区北澳中医药创新研究院，为入园企业提供科技创新、技术、市场等支持。从园区发展模式来看，主要通过平台载体的汇聚作用和较多的政策支持，促进海洋生物中医药科技成果孵化、增值与转化，加速学术科研与产业生产间的创新转化。

其三，南方海洋科学与工程广东省实验室（珠海）。南方海洋科学与工程广东省实验室建设是广东大力实施创新驱动发展战略、推动高质量发展的重大举措。该实验室采用广州市、珠海市、湛江市同步建设推进的模式，以服务国家和全省经济社会发展重大战略、承担重大科技任务、开展前瞻性基础和应用开发研究为使命。实验室主要建设以基础研究和应用基础研究为重点的海洋科学研究实验室、综合性海洋集成技术创新中心、“海洋+”海洋工程产业化园区、海洋战略智库和大型海洋研究公共平台。

三、海洋生物医药产业特征

第一，不断加大政府政策支持力度。2020 年珠海市人民政府工作报告中提出把海洋经济作为四大特色经济之一来发展，将海洋渔业、滨海旅游业、中转仓储业和海洋生物医药作为发展重点。在珠海市政府发布的《珠海市海洋经济发展“十三五”规划》，将海洋生物产业列于珠海市大力发展的海洋战略性新兴产业之一，规划将珠海市打造成为南海海洋生物技术中心。同时，政府为了实现对海洋生物医药产业发展的有效促进，还在融资政策与发展资金等方面进行支持。2019 年珠海市印发《珠海市加强招商引资促进实体经济发展办法（修订版）》，丰富了包括生物医药、新能源、新材料、高端装备制造、新一代信息技术、智能家电、节能环保、现代农业等在内的先进实体经济项目范围，要求对于新引进的先进实体经济项目，按照企业实缴注册资本（仅限货币出资）每 1000 万美元或 1 亿元人民币给予最高 200 万元奖励，单个项目奖励最高由原来的 5000 万元提升至 1 亿元。

第二，充分融入粤港澳大湾区建设。珠海市充分依托粤澳合作产业园、粤澳合作中医药科技产业园和澳门四所国家重点实验室横琴分部等平台，加快引进一批澳资企业和项目，促进海洋生物医药产业的协同发展。在具体操作过程中，包括做大做强中药材现货交易中心、加快建设粤澳跨境金融合作（珠海）示范区、推进与澳门联办高品质消费博览会等做法。2018 年 11 月珠海市挂牌成立“中国（珠海）海洋功能性食品创新研发中心”。在实施过程中，高校、专业技术机构与地方政府、产业机构通过创新合作的方式，将该创新研发中心打造成为海洋生物医药的成果孵化平台，在粤港澳大湾区加快建设背景下珠澳合作开发海洋功能性食品。

第三，以产业园建设为重要依托。珠海市以三灶生物医药科技园、万山海洋生物医药产业园、粤澳中医药产业园等生物医药产业、南方海洋科学与工程广东省实验室（珠海）等产业园和实验室为依托，重点鼓励海洋生物制药和海洋生物食品产业发展，建设海洋药物的研发中心和药理检测平台，开发了一批具有自主知识产权的海洋生物医药、化妆品、保健品和食品，培育了一批具有竞争力的生物医药和生物食品企业，海洋生物医药产业已涵盖上、中、下游产业链，促进海洋生物医药产业的集聚发展。

第四节 其他地区海洋生物医药产业发展

广东省其他地区同样加强海洋生物医药产业发展，并取得显著成效。各地区依托各自资源优势，不断夯实产业基础，为海洋生物医药产业的发展提供优惠政策和资金支持。其中，深圳市重点依托深圳国家生物产业基地；江门市重点培育发展海洋生物精深加工业等产业；中山市发展中山国家健康产业基地，发展海洋生物医药产业；惠州市重点培育发展海洋生物育种、现代海洋设施渔业等产业。汕尾市重点发展海洋生物制品研发生产等。在此过程中，深圳市与珠海市海洋生物医药产业出现较为显著的集聚发展趋势。

一、深圳市海洋生物医药产业发展

（一）海洋生物医药产业发展基本情况

深圳市海洋生物医药产业取得巨大进展。深圳市统计年鉴数据显示，2018 年深圳市生物医药增加值 298. 58 亿元，增长率达 22. 3%。在基础研究领域，截至 2018 年底，深圳市拥有海洋产业相关的国家、省级重点实验室（工程实验室、工程中心）5 个，市级重点实验室 6 个，市级工程实验室 14 个，工程中心 3 个以及公共技术服务平台 4 个。海洋关键技术不断突破。国际生物谷大鹏海洋生物产业园等产业园区集聚众多海洋生物医药创新型企业，形成了集“研发、中试、产业化”三位一体的创新发展链条。在深圳市 2020 年的政府工作报告中，指出要聚焦建设综合性国家科学中心主阵地，打造全球创新创业创意之都；积极推动科技创新，在医药产业和生物工程产业等领域不断开拓，打造高水平的高校集群、实验室集群、孵化器集群，建设世界一流科教城。

（二）海洋生物医药产业发展特征

第一，产业未来发展趋势良好。深圳市在加速打造全球海洋中心城市，无论是海洋交通运输业、滨海旅游业、海洋油气业等三大传统产业，或是海洋生物医药、海洋高端装备、海洋电子信息等新兴产业，都占据领先地位。《深圳市“十三五”海洋经济创新发展示范工作实施方案》中，将海洋省生物医药产业列为深圳市未来海洋经济支柱产业和增长点，预计2020年深圳市海洋生物医药产业产值占海洋经济比重提高到20.2%。

第二，海洋创新能力快速提升。深圳海洋生物医药产业研发创新驱动明显。国际生物谷大鹏海洋生物产业园、坪山深圳国家生物产业基地、高新区生物医药研发总部基地等集聚大批海洋生物医药创新型企业。深圳市海王生物工程股份有限公司等龙头企业积极推动科技创新，在医药产业和生物工程产业等领域不断开拓，带动了海洋生物医药产业的快速发展。

第三，海洋投融资渠道不断丰富。2018年10月深圳市出台《深圳市海洋经济创新发展示范项目和专项资金管理办法》提高专项资金使用效益。安排市级专项资金用于扶持海洋战略性新兴产业发展。采用直接资助、股权资助、贷款贴息、风险补偿等多元化扶持方式，重点支持海洋产业关键核心技术攻关、创新能力建设等。

二、中山市海洋生物医药产业发展

（一）海洋生物医药产业发展基本情况

中山市产业发展呈现出良好的发展态势。中山市拥有国家健康科技产业基地、华南现代中医药城等国家、省级产业园，是广东省首家国家级健康科技创新型产业集群试点园区、国家新型工业化产业示范基地、广东省健康医药战略性新兴产业基地，聚集了诺华山德士、联邦制药、完美、康方生物、腾飞基因、明峰医疗等国内外知名企业和创新型企业，形成涵盖生物制药、化学药、现代中药、医疗器械、诊断试剂、保健品、数字医疗、医药流通、健康服务业等多领域的健康医药产业集群，建立起了涵盖研发、中试、检验检测、金融资本、孵化加速等过程的创新体系。

中山市同样将海洋生物医药产业列为未来产业发展重点方向。从中山市所布局的重点产业和出台的政策扶持来看，海洋生物医药产业是被寄予厚望的新增长点。统计数据表明，2017年中山市健康医药产值约800亿元。2019 年底该地区已集聚超 300 家健康医药企业及若干中试、检测平台。2018 年中山市出台《中山市健康医药产业发展行动计划》，预计到 2022 年全市健康医药产业规模达 1200 亿元，产值比 2017 年增加 50%。目前中山市与国际 500 强赛默飞达成共识，将生物药 CMO/CDMO 平台引入中山，并与广东药科大学、香港大学签约，共建中山市海洋生物医药创新平台。中山将争取形成以火炬开发区国家健康产业基地、翠亨新区生物医药科技园、华南现代中医药城、中德（中山）生物医药产业园等产业园集聚发展、集群效应明显的国内领先、国际知名的健康医药产业集群。同时，从发展规划情况来看。2020 年中山市政府工作报告强调要大力发展新一代信息技术、健康医药、高端装备制造业，谋划布局人工智能、数字经济、新材料、新能源等新兴产业。中山市重点发展中山国家健康产业基地，龙头企业的增资扩产推动中山市健康产业形成千亿产业集群。

（二）海洋生物医药产业发展特征

第一，加强产业园建设集聚上下游产业。1994 年国家科技部、广东省人民政府和中山市人民政府联合创办了国家健康科技产业基地，选址火炬开发区。中山国家健康科技产业基地是我国首个按国际认可的 GLP、GCP、GMP 和 GSP 标准建设的国家级综合健康产业园区，总规划面积 13.5 平方千米。该开发区作为全国首批创新型产业集群试点园区、国家新型工业化产业示范基地、国家数字医疗现代化产业基地，也是广东省首个医药集群产业升级示范区、广东省战略性新兴产业基地，广东省委、省政府实施中医药强省战略重点建设和扶持的产业园区。经过多年发展，目前该开发区已经集聚了 300 多家企业，形成以生物医药、医疗器械、智慧健康、保健食品化妆品协同发展的产业集群格局，是全国首批创新型产业集群试点园区、国家新型工业化产业示范基地、国家现代服务业数字医疗产业化基地、建设有国家级科技企业孵化器，是最具规模的国家级健康产业园区。这些具有国际标准和国家级的产业园区、产业基地、企业孵化器、上下游产业链的形成为中山市海洋生物医药产业打造了较好的发展环境。

第二，以合理布局夯实发展基础。从产业特色上看，深圳和广州在临床诊断、创新药、细胞治疗领域具有明显的优势，而中山目前在蛋白和抗体药研发、高端医疗设备等方面均有所涉及，但基础远不如广州、深圳。

从火炬开发区的国家健康基地，到南朗镇的华南现代中医药城，再到翠亨新区的国际医疗中心规划，中山海洋生物医药平台布局正发生深刻变化。其中，火炬区国家健康科技产业基地重点发展生物医药、医疗器械创新研发和孵化加速、新一代信息技术与健康医药产业融合发展等领域，支持其向民众等镇区拓展，提升产业发展空间；翠亨新区生物医药科技园重点发展生物制药、医疗器械、制药装备等领域创新研发和产业化项目，依托高校科研院所建设高水平创新平台和研究机构；南朗镇华南现代中医药城重点发展现代中药、生物健康制品、医疗器械等领域。

第三，区域协同促进资源流动。从目前中山生物医药产业的发展趋势来看，依托国家健康基地呈现不断向东拓展的趋势：向内，在翠亨新区布局中德（中山）生物医药产业园和深圳医疗器械产业园、南朗镇华南现代中医药城等产业平台抱团发展；向外，则积极与香港、澳门、广州、深圳等地的生物医药研发机构、产业进行对接，寻求协同创新发展、承接成果转化的新路径。在 2019 年 4 月的粤港澳大湾区中山生物医药产业高峰论坛召开期间，众多药学领域重点实验室、高校、科研院所、企业共同倡议发起“粤港澳大湾区创新药物联盟”，探索打破地域、人才、产业等要素流通的障碍，寻求资源共享、平台共建、项目共同申请等新的合作机制。

一方面，加强与港澳的互动交流。一个显而易见的趋势是，东部组团三个镇区都从不同层面布局了生物医药产业，而其中最为明显的一个诉求，是向珠江东岸延伸，在寻求协同创新的更大可能性的同时，也在努力融入大湾区生物医药产业链，在珠江西岸找到与东岸城市互补、错位发展的位置。2018 年 7 月，粤港澳大湾区生物医药产业创新发展中山峰会在中山市举办，“广东药科大学 – 香港大学创新平台”落户中山市国家健康基地。种种迹象表明，通过与香港、澳门的抱团合作，中山市健康医药产业跑在了前面。

另一方面，加强与广深等地区的合作。中山市与广州、深圳在生物医药领域的科研合作明显加快。在跟广州高校合作方面，与广东药科大学的互动最为典型。根据《广东省教育厅、中山市人民政府共建广东药科大学中山校区协议》，广东省教育厅、中山市政府批准了广东药科大学《省市共建总体规划》。按照规划，广东省教育厅、中山市政府将重点支持广东药科大学、香港大学与中山共建新型研发机构（科技企业孵化器及技术转移中心)、生物医药国家重点实验室中山分室。在跟深圳对接方面，具有区位优势的翠亨新区先行一步——将深圳医疗器械产业园整体引进过来。这个项目由深圳市医疗器械行业协会与中山国家健康基地联合开展，相关负责人透露，项目投资总额 14.6 亿元人民币，目前已经引入中科院上海药物研究所华南分所，按计划将在翠亨新区建设药物临床研究、药品安全评价、药品研发和大分子药物等产学研平台。

第四，产业环境不断优化。在海洋生物医药产业的发展上，中山市着重加强有助于产业集聚的公共技术服务平台建设。在既有临床研究、中试、检验检测等公共技术服务平台基础上，也引进培育一批高水平、国际化的 CRO、COM、CDMO、CSO 等专业外包公司。同时，在产业集聚区域引进一批优质的相关资格认证、注册申报、新药评估、知识产权保护等专业服务机构，为海洋生物医药产业向高端化、国际化发展提供专业技术支撑。中山海洋生物医药产业的“东移”布局，通过加快创新要素集聚，目标是形成科学研究、创新研发中试转化、总装测试、临床试验、示范推广为一体的生物医药全要素创新链。这将为深度融入珠江口的中山东部组团构建以生物医药为主导产业、以科技研发、成果转化为核心的完整产业链提供更有力的支撑。

第五章　海洋生物医药产业集聚的机理分析

本章具体分析海洋生物医药产业集聚的理论机理。首先，研究海洋生物医药产业集聚的内涵，考察其特征、类型与功能；其后，分析海洋生物医药产业集聚发展的影响因素，包括自然禀赋、市场规模、外部经济、对外开放、政府行为等因素；最后，考察海洋生物医药产业集聚的效应，包括经济增长效应、FDI 集聚效应与技术创新效应。

第一节　海洋生物医药产业集聚的内涵

一、产业集聚的内涵

不同学科理论从自身研究范式与研究方法出发，给出不同的产业集聚概念界定。其中代表性观点包括如下。[①] 马歇尔在产业区理论中首先探讨产业集聚现象，为其后研究提供了良好的分析框架。马歇尔从外部规模经济视角进行分析，认为产业集聚的本质是性质相同的中小厂商集合起来，对生产过程中各个阶段进行专业化分工，从而实现企业的规模经济生产。胡佛（Hoover）从区域经济理论视角进行分析，在《经济活动的区位》（1984）中将集聚经济视为生产区位的变量，将企业群落产生的规模经济定义为某产业在特定地区的集聚体的规模所产生的经济。韦伯（Weber）

① 中国生猪标准化养殖发展_产业集聚_组织发展与政策扶持 .

认为集聚经济是产业集聚的功能，指集聚因素在经过初级阶段（即通过企业自身的扩大而产生集聚优势）上升到高级阶段（各个企业通过相互联系的组织而实现地方工业化）后形成的产业集群。克鲁格曼（Krugman）从新经济地理学理论视角出发，分析空间与市场之间的关系，认为集聚是建立在收益递增和简单资金外部性基础上的集群和产业活动的集中。迈克尔·波特（Michael Porter）首次提出产业集群的概念，由此推动产业集聚理论的发展。波特在其竞争优势理论中，认为产业集群是在某一特定的区域内，相互联系、相互合作和竞争的企业与相关的机构自发地聚集在一起。①

综上可知，产业集聚具备如下方面的内涵与特征。从产业集聚的空间表现来看，集聚就是指经济活动在地理空间上的群集，是经济活动者为了获得某些优势条件或利益而向特定区域聚集的过程。从产业集聚的主体表现来看，产业集聚是指同一类型或不同类型的相关产业向一定地区的集中和聚合。从产业集聚的动机表现来看，不同企业在地区集聚发展的过程中，其主要目标在于追求因集聚生产带来的经济与技术收益，如创新能力的提升、生产效率的提升、经营风险的下降等。

本书将海洋生物医药产业集聚界定为在海洋生物医药产业领域中具有经济与技术关联的企业与组织，在特定空间区域内相互联系与交往、相互竞争与合作，为提高经济效益协同发展的组织形式。从其特征来，在海洋生物医药产业向区域集中的过程中，集聚主体是海洋生物医药产业链上下游企业及相关组织。海洋生物医药产业集聚目的在于建立基于地方生产网络而形成产业技术链、价值链、供应链与各种正式或非正式的协作产业系，由此获得共同发展的优势。②

二、产业集聚的特征

（一）海洋生物医药产业集聚的空间特征

海洋生物医药产业集聚的空间特征较为明显，主要表现为相关企业与

① 迈克尔·波特．国家竞争优势［M］．李明轩，邱茹美译．北京：华夏出版社，2004：7-18.

② 阮光珍．高技术产业集聚成长机制研究［D］．武汉：武汉理工大学，2010.

机构在特定地区与地理位置的集中分布。当然，上述区域位置在范围上可存在不同界定，既可表现为不同省份的产业集中情况、不同地市的产业集中情况，同样也可以表现为在更为狭小区域内的产业集中发展情况。

从全国范围内来看，该产业主要分布在沿海 11 个省份，出现海洋生物医药产业在沿海省份的集聚发展情况。其他省份的产业发展规模相对较小，企业数量与产品规模均较小。从省内区域来看，海洋生物医药产业同样主要分布在各省沿海地市，尤其是海洋生物资源丰富、海洋生物产业基础良好、配套产业较为发达的地区。从广东省发展情况来看，海洋生物医药产业集中分布在湛江、广州、珠海、深圳等地区。上述地区均出现海岸线较长、海洋生物资源丰富、海洋生物加工历史悠久、配套工业生产基础好等特征。从其他地域范围来看，海洋生物医药产业集聚还可表现为更小范围的空间集中分布。部分地区通过海洋生物产业园区建设来推动产业集聚发展，如青岛高新区蓝色生物医药产业园、广州国家生物产业基地、珠海三灶生物医药科技园等，均出现大量海洋生物医药企业集聚发展的情况。

（二）海洋生物医药产业集聚的网络关系特征

海洋生物产业集聚在网络关系上表现为形成复杂的网络组织关系。产业链是各部门围绕不同中间产品的生产和交换进行横向和纵向合作联盟而形成的动态网络组织。① 在此情况下，海洋生物医药产业集聚形成了包括产业链上下游的诸多企业与机构。

一方面，网络组织体系包含海洋生物医药产业上下游的相关企业。汇集了包括海洋生物医药研发、生产、销售在内的企业与机构。在此过程中，上述企业之间形成密切关系。上下游企业之间的产品关联，下游产业以中游产业生产的产品作为原材料，中游产业又依赖于上游产业的产品。同时，企业与企业之间还会产生横向关联的关系。另一方面，网络组织体系同样包括与海洋生物医药产业相关的相应企业与机构。具体包括政府、金融机构、中介服务组织、科研机构等。上述主体在产业网络体系中围绕着生产部门进行多种关系的组合，产生多种要素的整合功能。

① 王兴元，杨华．高新技术产业链结构类型、功能及其培育策略［J］．科学学与科学技术管理，2005（3）：88－93.

（三）海洋生物医药产业集聚的竞争协调关系

海洋生物产业集聚不仅表现为诸多企业机构在特定地域的分布集中状态，同时表现为企业之间出现紧密的联系。上述联系既包括彼此之间的相互竞争关系，同时也存在相互之间配合互补、协调发展的情况。

一方面，主体之间的相互竞争关系。在海洋生物医药产业集聚发展的过程中，同区域内出现大量功能相同的企业与机构，即诸多原材料供给企业、诸多原材料生产加工企业、诸多销售企业、诸多研发机构等。从其他配套企业与机构来看，同样出现大量功能类似的物流运输企业、信息服务机构、资金融通机构等。上述同类企业与机构之间将出现明显的竞争关系。同时竞争关系还因为机构彼此之间较近空间距离而使得竞争程度更加剧烈。值得注意的是，上述企业相互竞争能够促进区域内部市场竞争加剧，由此推动企业提升自身生产技术与生产效率。在此情况下，上述竞争关系将有助于提升集聚区域内部的产业生产效率。

另一方面，主体之间的协调合作关系。在海洋生物医药产业集聚发展过程中，企业之间、机构之间同样将出现协调发展的关系。同区域海洋生物医药企业之间将出现相互交流、相互合作的情况，在此过程中将会使得信息、技术、设备、人员等因素出现有效流动的状态。此外，区域内不同环节企业之间出现有效的互补现象。生产企业能够获得良好的原材料供应、生产设备供应、物流运输、信息服务、资金融通渠道等方面的服务。在此情况下，区域内产业发展将出现规模效应，由此将降低交易成本、提升生产效率。

三、产业集聚的类型

（一）资源指向型产业集聚

资源指向型产业集聚是因特定地区拥有发展特定产业所需要的优越资源条件而引致的集聚情况。在产业发展过程中，特定地区在具备优越的自然资源、技术资源、人力资源等条件下，则可能吸引相应企业向本区域集中。从实际产业集聚情况来看，包括能源开发、矿产冶炼、化工化学等行业，往往因为特定地区存在较为丰富的自然资源（矿产、能源、化工原料），而吸引大量企业前往发展。部分产业集聚则源于技术与人才资源优势。如美国硅谷地区的计算机与软件技术产业集聚发展，则主要源于该地区显著的技术与人才资源优势。还有部分高新技术产业则往往集聚在拥有大量科研机构、高等院校的区域。

从海洋生物医药产业集聚发展情况来看。诸多地区出现的海洋生物医药产业集聚表现为资源指向型产业集聚。在此过程中，特定区域所具有的海洋生物原材料优势，成为吸引海洋生物医药企业集聚发展的重要因素。如前所述，不管是海洋产业集聚的省级地区分布，还是地市级区域分布，往往集中在海洋生物资源丰富的地区。

（二）大企业中心型产业集聚

大企业中心型产业集聚指某行业内大型企业（大型项目）分布在特定区域，由此吸引相应企业前往该区域集聚发展。在部分产业发展过程中，由于存在行业影响较大的大型企业或大型项目，由此吸引产业链上下游企业为其提供原材料、中间产品服务或其他配套服务。其他企业为了节约交易成本与运输成本，往往选择前往大企业所在地区进行发展。在此集聚发展模式下，如果大型企业具有良好的未来发展趋势与稳定的产品需求，将能够有效推动区域产业集聚发展。

从海洋生物医药产业技术发展情况来看，在部分地区出现大企业引致的产业集聚发展情况。海洋生物医药产业在发展过程中，往往需要大量的原材料供应以及配套服务，由此出现部分中小企业围绕大企业与大项目集聚发展的情况。从实践情况来看，珠海市形成以珠海联邦制药股份有限公司、丽珠医药集团股份有限公司、珠海亿邦制药股份有限公司、广东汤臣倍健生物科技股份有限公司和珠海康德莱医疗产业园等为龙头，集生物制药、化学药、医疗器械、保健品等为一体的完善产业链。该地区的海洋生物医药发展即属于上述发展模式。

（三）政府主导型产业集聚

政府主导型产业集聚指产业集聚发展主要源于政府的调控与引导。从地区产业发展情况来看，政府在推动地区产业结构调整、产业结构规划的过程中承担重要职责。在此情况下，部分地区政府将结合本地区的产业发展基础与未来发展规划，通过产业布局规划、产业发展政策、产业优惠政策等方式，来推动特定产业企业向特定地区集中。从实际情况来看，德国的巴伐利亚州的高技术产业集群、法国的索菲亚·安蒂玻丽斯高科技产业园、印度的班罗加尔高技术产业集群等，均属于该类集聚发展模式。

从海洋生物医药产业集聚发展情况来看，近期海洋经济与海洋生物医药产业发展得到政府高度重视。诸多地区政府出台海洋生物医药产业发展规模、建设海洋生物医药产业园、推行海洋产业的优惠政策，吸引相关企业向特定地区集聚发展。如 2017 年广州市政府主导的广州市生物医药产业投资基金成立，该基金总规模为 100 亿元，主要目的在于发挥政策导向和杠杆放大作用，引导社会资本聚焦投资广州市生物医药产业领域，为产业集聚发展提供资本支撑。

第二节　海洋生物医药产业集聚的影响因素

本节在借鉴前述产业集聚发展理论的基础上，系统考察海洋生物医药产业集聚的影响因素，具体来看，主要包括资源禀赋、市场需求、规模经济、贸易开放、政府行为等因素。

一、资源禀赋因素

资源禀赋又称要素禀赋，指某一区域内各种生产要素，包括自然条件、劳动力、资本、技术等，主要包括自然资源和社会资源（知识资源或技术资源）。资源禀赋优势是与其他地区，特定区域相对具有的自然资源禀赋和社会资源丰裕程度等方面的优势。[①] 从海洋生物医药产业来看，海洋资源环境既是该产业发展的物质基础，也是推动产业区域集聚的重要因素。[②]

---

① 张座铭．中部六省产业集聚形成机制及效应评价研究［D］．北京：中国地质大学，2015.

② 付秀梅，姜姗姗，张梦启．要素配置对海洋生物医药产业发展的作用机理研究［J］．产经评论，2018，9（2）：62－76.

资源禀赋优势对产业集聚的影响主要通过改变生产成本来实现。资源禀赋存在明显的区域性，导致每一地区适合生产以本地存量丰富的要素为原料的产品。[①] 实际上，包括新古典贸易理论在内的诸多理论研究均发现，产业集聚与企业区位选择源于资本、技术、自然资源禀赋、交通网络便利性等外部因素在空间分布上所带来的比较优势。具体来看，由于资源禀赋分布具有明显的区域性特征，不同地区产业发展过程中可以重点依赖的生产原材料并不相同。由于生产原材料在不同地区的分布情况存在差异，则将导致不同地区的原材料市场价格与运输成本存在差异，同样将导致不同地区使用同样原材料所生产的相同产品将出现价格差异。在此情况下，将出现不同地区“禀赋资源差异——原材料价格差异——产品成本差异——产业竞争力差异”的变化过程；在存在不同地区产业转移的情况下，将导致特定产业向资源禀赋优势明显地区集聚的现象。

禀赋资源优势对海洋生物医药产业集聚的影响效果则更为突出。海洋生物医药产业以海洋生物为原料或提取有效成分，进行海洋药品与海洋保健品的生产加工及制造活动。目前中国海洋生物医药在产品生产过程中，主要依靠鱼、虾、贝壳、蟹类、海草、海绵、海藻、海洋真菌等上游产品提供原材料。在此情况下，包括海域总面积、海洋动植物资源品种、海洋生态环境、海洋气候条件在内的海洋资源禀赋条件将对产业发展与产业集聚产生重要影响。在海洋生物资源比较丰富、资源禀赋优势较为明显的地区，海洋生物医药产业的生产基础相对较好、生产原材料条件得到保障、原材料市场价格相对较低，由此将使得企业生产成本较低、产品市场竞争力较强。在存在企业区域流动的情况下，海洋生物医药企业将出现向原料产地集中的集聚发展趋势。

二、市场需求因素

市场需求同样是影响产业区域集聚的重要因素。根据本地市场效应假说，特定区域的某一产业因规模报酬递增而在该区域形成集聚的过程中产生大规模的市场需求，且企业为了降低交通运输成本而进一步集中在该交

---

① 郝彦娜．资源禀赋、产业集聚对农业集群竞争力的影响［J］．江苏农业科学，2019，47(20)：333－337.

通通达的区域，由此产业内的规模报酬递增和低交通运输成本的交互作用会放大对特定产业集中在特定区域的效应。① 在此情况下，市场规模与地理集聚之间存在正相关关系，区域市场规模所代表的需求对促进产业集聚水平提高具有积极作用。区域市场规模增长趋势越强，区域市场需求潜力越大，则在该区域产业集聚程度也越显著。

市场需求对于海洋生物医药产业集聚发展的影响效果较为明显。海洋生物医药产业在我国仍然处于初步发展时期，社会民众对于该产业与产品仍然存在认知不足的现象。同时，部分海洋生物医药产品在消费与使用过程中存在明显的地区消费偏好。如部分海洋生物医药产品在部分沿海地区存在较长时间的使用与消费历史，由此该地区消费者对于该类产品具有更好的偏好程度与消费习惯。与之相反，其他地区市场对于同类产品的消费规模则相对较小。在此情况下，地区产品需求与需求潜力将对海洋生物医药产业集聚发展产生重要影响。从作用机理来看，地区市场对于海洋生物医药产品需求规模较大，将导致生产企业因规模报酬递增而出现生产效率提升、经济收益扩大的现象，同时使得产品竞争力得以有效提高。在此过程中，同样将吸引区域外部生产企业向本区域迁移发展。由此，市场需求将提高地区海洋生物医药产业的集聚发展程度。

三、规模经济因素

规模经济与外部经济现象是推动产业区域集聚的重要内部因素。新贸易理论和新经济地理理论认为，在产业地理集聚的形成过程中，规模经济是促使产业形成地理集聚的重要因素。在特定产业的相关企业、机构与基础设施在特定地域范围内出现集中互动发展的过程中，将会导致整个产业规模经济与范围经济现象的出现，由此提升产业与企业的生产效率、降低生产成本、提升市场竞争力。具体来看，上述规模经济与范围经济现象的出现源于三个方面影响：产业集聚导致的产品生产供给专业化、劳动力市场专业化、产业技术溢出。海洋生物医药产业在集聚发展过程中同样存在上述现象。

---

① 张座铭．中部六省产业集聚形成机制及效应评价研究［D］．北京：中国地质大学，2015.

第一，通过供给专业化来推动海洋生物医药产业集聚发展。海洋生物医药产业对于医药分析与实验设备、海洋勘探与海洋采集设备、原材料加工处理设备具有较高的技术依赖性。在海洋生物医药产业发展过程中，包括原材料供给、生产设备供给、产品配套服务供给在内的诸多生产因素在同一区域集中，则使得专业化程度得到有效提升、生产效率得以提高。

第二，通过劳动力市场专业化来推动海洋生物医药产业集聚发展。海洋医药产业在发展过程中同样依靠高素质工作人员来实现。上述人员要求不仅体现为具备专业水平的生产工作人员，而且表现为具有相应专业知识背景、研发技术水平高、专业操作能力强的科技研发人员。在地区产业得到有效发展的情况下，则可能出现专业人才市场建设完备、相应人才优惠政策完整、人才流动渠道顺畅的人才市场，由此将推动产业集聚发展。

第三，通过技术溢出来推动海洋生物医药产业集聚发展。在特定地区存在较多数量的海洋生物医药企业与机构的情况下，产业内的先进生产技术、先进研发技术等信息将在企业之间出现更加频繁的传递，先进技术知识的传递、模仿、研发效果将会更好，由此使得知识的溢出效果更加明显、生产技术水平得以提升，出现因规模效应导致的产业集聚促进作用。

四、贸易开放因素

贸易开发程度同样是影响产业集聚的外部因素。贸易开放程度同样通过影响产业生产成本来引致产业集聚发展。具体来看，在对外贸易发展程度较高的情况下，可以通过国际技术溢出效应、关税下调政策、出口扶持政策等方式来降低生产企业的生产成本，由此吸引外部企业向本区域进行转移。在海洋生物医药产业发展过程中，对外贸易发展与对外开放程度同样通过上述方式产生影响。

第一，通过国际技术溢出来推动海洋生物医药产业集聚。在对外贸易发展过程中，往往伴随着国际之间、地区之间的技术知识溢出现象。海洋生物医药产业在加强对外贸易往来的过程中，将会使得国外企业的先进生产技术、先进生产设备、先进生产理念向本区域产业溢出的情况。本地生产企业在有效接触、模仿、再创新国际先进技术的情况下，能够有效提升自身生产技术与生产效率，降低生产成本，提高产品竞争能力。在此情况下，本区域的产业生产效率提升将会吸引外部企业向本地区转移，从而提升海洋生物医药产业的地区集聚发展水平。

第二，通过关税下降来推动海洋生物医药产业集聚。[①] 对外贸易快速发展将使地区对外贸易依存度显著增加。在此情况下，往往将伴随着关税下降的现象。从海洋生物医药产业发展情况来看，随着关税下降，将会吸引国外海洋生物医药企业来到本地区进行发展，以实现对自身运输成本的降低、产品交易成本的下降，从而获得更大经济利润。对国外生产企业的有效吸引将会推动本地海洋生物医药产业的集聚发展程度。

第三，通过出口扶持来推动海洋生物医药产业集聚。在对外贸易发展过程中，国家与地区同样将会使用出口扶持政策来降低本地区企业生产成本，使得企业产品在国际市场具有更强的竞争力。海洋生物医药企业在获得上述出口扶持政策的情况下，同样能有效降低生产成本，提升产业的市场竞争力。在此过程中，同样将吸引区域外部的生产企业向本区域进行转移，由此使得本地区海洋生物医药产业发展集聚水平得以提升。

五、政府行为因素

政府行为同样是影响产业集聚发展的重要因素。在产业集聚发展形成过程中，不仅包含了因资源禀赋优势、地区市场潜力、规模经济等因素导致的集聚结果，同样包括政府因素导致区域集中。实际上，诸多地区产业集聚发展均是源于政府机构的规划与引导。印度班加罗尔地区的软件产业集聚发展，中国诸多高新区特定产业集中发展，均是政府引导产业集聚的现实案例。在海洋生物医药产业集聚发展过程中，政府因素同样存在明显的影响效果。具体来看，政府行为的作用渠道与机理包括如下两个方面。

一方面，政府直接引导产业集中。政府在海洋生物医药产业发展过程中，可以通过诸多方式对产业集聚发展进行直接引导。政府可以通过制定海洋生物医药产业的地区发展规划，推动海洋生物医药企业与机构向特定区域集中发展；政府同样可以通过建设海洋生物医药产业园区、规划海洋生物产业生产区域的方式，吸引内部与外部相关企业向特定园区迁移发

① 刘琳．对外开放对广西产业集聚的影响研究［D］．北京：中央财经大学，2018.

展；政府还可以通过强制关闭、加强海洋生物医药产品与海洋生态环境监管的方式，推动部分企业向其他地区进行转移。实际上，从近期广东省海洋生物医药产业发展情况来看，不同地市政府所出台的相应海洋生物医药产业规划与产业政策，是推动企业区域集中的重要因素。

另一方面，政府通过其他政策作用来诱导产业集中。政府同样通过市场建设、配套措施完善、资金政策优惠等方式来推动海洋生物医药产业集聚发展。其一，政府可以提供良好的基础设施建设。在海洋生物医药产业发展过程中，对于原材料收集环境、原材料加工处理条件、生产设备与储存设施建设等存在较高要求。在此情况下，政府可以通过加强地区海洋环境保护、增加冷冻冷藏设备建设、提供专业生产园区等方式，来吸引海洋生物医药企业集聚发展。其二，政府可以完善市场机制建设。在海洋生物医药产业发展过程中，同样面临市场信息、资金融通、物流发展、人才吸引等方面的要求。在此情况下，政府通过完善海洋生物医药市场信息建设、相应人才市场建设、海洋经济融资体系构建等方式，吸引相应企业向特定区域集中。其三，政府可以提供产业发展的资金政策支持。政府机构同样可以为地区海洋生物医药产业发展提供财政资金与税收政策优惠，由此吸引相关企业向特定地区集聚发展。

第三节　海洋生物医药产业集聚的影响效应

产业集聚的影响效应指特定产业出现特定区域集聚发展的情况下，对于该地区经济发展与该产业发展产生的影响效果。诸多研究显示，特定产业企业在区域集中发展，将有利于出现规模经济、外部效应、技术外溢等发展效果，从而实现对地区经济与产业发展的有效促进作用。实践开展过程中，无论是政府管理机构还是企业机构自身，均期望推进上述产业集聚发展状态。其原因同样在于，希望通过产业集聚发展的积极影响效果，实现经济发展水平与生产效率的整体提高。在此情况下，本节利用理论界研究成果，对海洋生物医药产业集聚导致的影响效果进行分析，具体包括经济增长效应、技术创新效应以及 FDI 集聚效应（见图 5 - 1）。

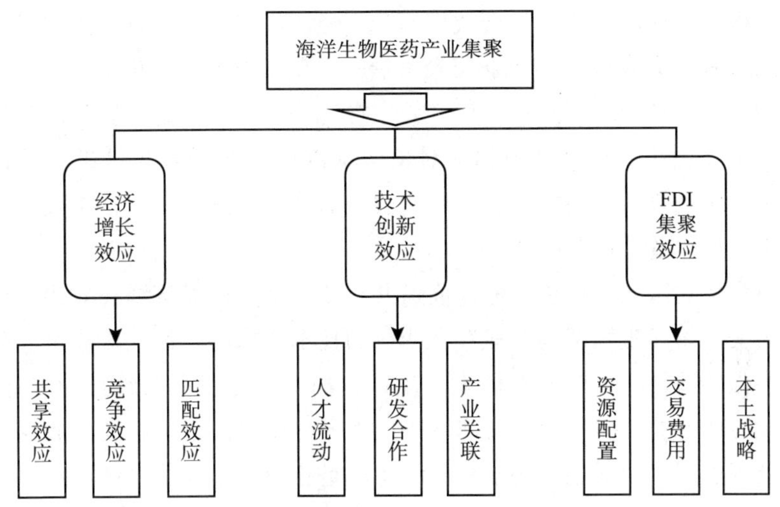

图5－1 海洋生物医药产业集聚的影响效应

一、产业集聚的经济增长效应

产业集聚的经济增长效应一直是理论研究关注的焦点。分工专业化理论、产业竞争理论、新经济地理学等诸多理论均对此进行探讨。值得注意的是，上述理论在分析过程中基于不同理论视角进行研究。① 本节在分析过程中主要利用马歇尔相关理论，从共享效应、匹配效应、竞争效应以及规模经济效应等方面出发，考察海洋生物医药产业集聚对经济发展的影响。

（一）共享效应

共享效应指产业集聚因其生产要素共享效果导致的经济影响。有研究者分析产业集聚导致的市场主体与生产要素集中特征，从生产过程开展视角考察其对生产效率的影响（Marshall，1920；Duranton，2004；Puga，2010）。研究表明，产业集聚发展使得大量生产企业、生产设备与生产要素在特定区域集中，由此出现企业能够共享使用特定生产设备与生产要

① 李沙沙．产业集聚对中国制造业全要素生产率的影响研究［D］．大连：东北财经大学，2018.

素，使得生产成本下降、生产效率提升、经济收益增长。具体来看，产业集聚的共享效应表现为“产业集聚发展——要素设备区域集中——企业共享使用——生产成本下降——生产效率提升——经济收益增长”的作用过程。其中，企业生产要素的共享对象包括部分生产设备与基础设施的共享、部分中间投入品的共享、专业化收益的共享，此外还包括市场发展过程中市场风险的分摊与收益共享。

海洋生物医药产业集聚能够通过共享效应来实现经济增长效果。前述分析表明，海洋生物医药产业存在明显的技术要求高、投入规模大、生产专业性强的特征。该产业在研发、生产、加工等方面存在较强的专业性，需要相应的专业设备与专业技术水平。如海洋生物医药原材料的收集、采集、处理过程中，无论是潜水采集设备还是相应工作人员，都具有很强的专业性；在产品研发、检测、实验过程中，同样需要专业设备与加工处理设备。在此情况下，在存在地区产业集聚发展的情况下，部分中小型生产企业能够共享使用区域内的设备、技术与人员，避免自身前期大规模设备投资与技术投资，由此能够降低生产成本，从而促进企业经济收益水平上升。

（二）匹配效应

匹配效应指产业集聚因其生产要素有效匹配导致的经济影响。匹配需求源于经济市场中经济主体与生产要素的异质性。具体来看，经济市场中的匹配要求包括劳动力市场中实现企业与员工之间的有效匹配、产品市场中要求实现生产与消费之间的有效匹配、技术市场中要求实现厂商与技术设备之间的有效匹配，此外市场匹配还包括生产企业与上下游企业之间的匹配、生产企业与配套合作机构之间的匹配。在市场存在匹配需求的情况下，产业集聚发展将能有效提升匹配效果，由此降低市场交易成本、提升企业生产效率、增强企业经济收益。具体来看，产业集聚发展使得在特定地区出现大量的要素、设备、产品、人员、企业与消费者。上述要素的区域集中状态将有助于增强市场匹配针对性、提升市场匹配的可能性，由此促进经济增长。

海洋生物医药产业集聚同样出现明显的匹配效应。海洋生物医药产业具有较强的专业性与独特性，无论是与传统生物医药产业相比还是与海洋经济其他产业相比，其产业生产要素、生产方式、生产技术设备均存在独特要求。从经济市场运行情况来看，海洋生物医药产业的原材料、采集设备、生产技术、工作人员具有较强的专业性与独特性。在出现海洋生物医药产业集聚发展的情况下，将会使得上述原本较为分散的专业性生产要素集中在特定区域，很大程度上提升市场要素匹配的概率与效果，从而有效推动经济发展。

（三）竞争效应

竞争效应指产业集聚导致企业与机构在特定区域集中并出现相互竞争，由此使得产业发展与经济发展受到相应影响。从产业集聚影响效果来看，大量生产要素、生产企业与配套机构在特定区域集中，不仅出现市场要素的有效共享与匹配，同时将导致机构之间的竞争加剧。由于产业集聚主体为同产业与同类型企业，市场出现的最终产品、中间产品与原材料同样具有功能相似的现象，在此情况下将会使得区域内部市场竞争加剧。在存在较强市场竞争的情况下，则迫使企业提升自身生产效率、提高自身技术水平、完善产品质量。由此，产业集聚将导致区域内部产品质量提升、产品价格下降、企业生产技术水平提升、生产效率上升，经济发展水平总体提升。

在海洋生物医药产业集聚发展过程中同样存在上述现象。在特定区域内所集聚的大量海洋生物医药生产企业，将因为所生产产品定位雷同、功能相似、品质差异较小，面临着较为严重的市场竞争。在此情况下，企业可能选择开发新的海洋医药产品、提升生产工艺水平、提供产品生产效率等方式，来增强企业与产品的竞争能力。与之相应，在海洋生物医药研发环节、原材料采集环节、产品销售环节，均将出现上述竞争情况。由此可知，在产业集聚引致的市场竞争作用下，将会导致海洋生物医药产业出现全面的效率提升情况，有利于经济发展。

二、产业集聚的技术创新效应

产业集聚对技术创新的影响同样是理论分析的重要问题。技术创新是影响经济发展的重要因素，在近期经济发展过程中，其重要性得到进一步显现。在以往产业集聚理论发展过程中，产业区理论、产业竞争理论、区域创新系统理论等均重视技术创新因素在产业集聚发展中的重要影响。与上述理论相比，以下主要从知识溢出视角进行分析，即突出产业集聚因知识溢出现象所导致的技术提升影响。具体来看，产业集聚将通过人才流动、研发合作、产业关联等方式引起知识溢出，导致产业技术水平发展与生产水平提升。

（一）人才流动引致的知识溢出

人才流动是导致知识溢出的重要方式。从以往研究与实践情况来看，人才作为知识与技术的主要载体，能够通过其区域移动与企业之间的移动，引致相应技术知识的跨区域与跨企业传播。产业集聚将通过两种方式引起知识溢出。[①] 一方面，区域内部的人才流动效果。由于产业相应企业与人才均集中在同一地域，可能出现技术人员在不同企业之间的流动，导致区域内部的知识溢出。另一方面，区域外部的人才流动效果。产业集聚发展过程中，同样存在区域外部人才向区域内部流动的现象。在此情况下，将出现不同区域之间的知识溢出效应。

在海洋生物医药产业发展过程中同样将出现上述知识溢出效应。在海洋生物医药产业集聚发展过程中，可能出现区域内部人才流动，即本区域内部技术人员、工作人员、管理人员等在不同企业之间的流动，由此导致相应技术知识在同地区不同企业之间的传播与扩散；同时也可能出现区域之间的人才流动，即区域外部的海洋生物医药技术人员向区域内部移动，由此导致区域外部先进技术向区域内部进行扩散传播。

（二）研发合作引致的知识溢出

研发合作同样将导致知识溢出现象。在产业集聚发展的过程中，区域内部集聚了大量的生产企业、科研机构与相关配套机构，由此机构之间将会出现科研合作行为。生产企业与研发机构之间、生产企业与高等院校之间、研发机构与高等院校之间均将出现更加频繁的合作行为。在此情况下，产业内部机构合作将有利于产业先进技术与知识的扩散传播，由此导致知识溢出效应。

---

① 阮光珍．高技术产业集聚成长机制研究［D］．武汉：武汉理工大学，2010.

从海洋生物医药产业发展情况来看，由于该产业具有较强的技术依赖性，在其产业发展过程中，不同机构之间存在技术合作的需求。产业集聚发展则使得上述机构技术合作成为可能。由此，海洋生物医药企业与相应机构主体之间进行技术交流、技术讨论与研发合作，使得产业先进技术与知识出现有效传播。同时，上述机构之间的交流与合作同样有利于先进知识的吸收、模仿与再创新。在此情况下，海洋生物医药产业集聚将能够有效促进技术进步。

（三）产业关联引致的知识溢出

产业集聚导致的知识溢出效应还可以通过产业相互关联引起。在产业集聚发展过程中，往往在区域内部集中了产业链上下游的大量企业。如果产业链某个特定环节出现技术进步，则会引起上下游企业的快速反应。其他环节企业将会努力实现对先进技术的消化与借鉴，由此提升自身水平以满足产业链技术提升的要求。在此情况下，产业集聚发展将能够有效推动先进技术在产业链上下游的传播。

海洋生物医药产业集聚发展同样出现上述现象。无论是海洋生物医药的研发采集环节出现技术创新，还是生产加工环节出现技术创新性，均能够引起其他相关企业的快速反应。如生产加工企业出现技术提升，则将推动上游原材料供应商吸收消化技术创新以提供更多原材料，其他配套服务机构同样将根据新型生产技术来提供相应设备与服务。在此情况下，海洋生物医药产业集聚将能够迅速地推动技术进步，使之出现从产业特定环节向全产业链扩散的情况。

三、产业集聚的 FDI 聚集效应

外商直接投资（FDI）是指外国企业和经济组织或个人在本国境内开办外商独资企业，按我国有关政策、法规，用现汇、实物、港澳台技术等与本国境内的企业或经济组织共同举办中外合资经营企业、合作经营企业或合作开发资源的投资（包括外商投资收益的再投资）。产业集聚区以其集聚优势对 FDI 形成吸引，使产业集聚区内形成 FDI 集聚。具体来看，FDI 聚集效应主要通过产业集聚能够降低交易成本、提高交易效率以及增强企业竞争优势实现。具体来看，产业集聚对于FDI集聚效应通过三种方式来实现。

（一）优化资源配置

在产业与企业跨国流动转移过程中，其转移流动目标在于获得不同地区之间的生产利润差价。部分大型国外先进企业考虑将自身产品生产线向国内转移，将自身生产产品向其他地区企业外包，主要考虑能否通过上述跨境转移来降低自身生产成本，提升企业生产利润。在此情况下，产业集聚发展将通过地区资源配置优化来实现外资有效吸引。

在海洋生物医药产业发展过程中，由于产业集聚程度水平较高，使得区域内部的市场体系建设较为完备，原材料供给充分且价格较低，生产设备能够起到良好保障作用，相应技术人员流动充分。在此情况下，国外先进企业在跨国转移投资过程中，将会优先考虑上述产业集聚地区。在此背景下，海洋生物产业集聚发展，将能够吸收国外先进企业与先进公司转移，实现对国外资本有效吸引。

（二）降低交易费用

在产业集聚发展过程中将因为空间集聚效应使得交易过程中交易费用下降，由此将吸引外资进入。在海洋生物医药产业集聚发展过程中，由于上下游产业之间、生产企业与其他配套机构之间空间距离较近，彼此之间交易往来关系密切，各种交易合同磋商与履约成本较低，产品原材料运输费用相对较少。在此情况下，国外先进企业在转移过程中，将会通过上述集聚地区的有利生产条件，最大限度地降低自身交易成本，提高自身运营利润。在此情况下，海洋生物医药产业集聚将能够更加有效地吸引外资。

（三）实施本土化战略

跨国公司由于对东道国的经营环境并不熟悉，因而常采用本地化战略来规避跨国经营管理过程中的风险，即在人才招聘、采购、加工、运输、销售等环节与东道国进行结合，合理利用本地资源。本地化战略对于跨国公司融入市场，与利益相关者建立良好的关系具有重要的作用。但值得注意的是跨国公司的本地化战略不仅取决于自身，更与当地的地理位置、基础设施及市场有极大关系。在此方面，产业集聚区具有得天独厚的条件，从而便于跨国公司进行本地化战略。

跨国企业在产业国际转移的过程中还强调本土化策略。上述本土化策略实施不仅要求产品生产符合东道国传统习俗，还要求在人员招聘、原材料采购、材料加工、运输保管、销售宣传等环节进行本土化适应。值得注意的是，上述本土化战略要求与产业集聚发展特征存在极大程度的匹配。产业集聚发展所导致的本土人才要求、产业链条要求、消费市场培育要求等方面都能得到满足。在此情况下，跨国公司在部分产业集聚发展区域将能够更好地实施本土化战略。上述现象在海洋生物医药产业发展过程中同样存在。海洋生物医药产业往往集聚于海洋资源优势区域、海洋生物医药产品消费市场区域、海洋生物医药产业政策优惠区域等。上述产业区域分布特征将使得跨国公司进入东道国之后，能够进行有效的本土化运营策略。

第六章 广东省海洋生物医药产业的集聚水平与影响因素

本章在前述理论分析的基础上，衡量广东省海洋生物医药产业的集聚程度，并与广东省其他海洋产业进行系统比较。此外，本章在集聚水平衡量的基础上，系统分析影响广东省海洋生物医药产业集聚程度的因素。

第一节 广东省海洋生物医药产业集聚水平

一、测度方法与指标

前述系统分析了主要产业集聚测度方法及其差异。本书考虑指标可得性与研究针对性，选择区位熵指数作为集聚水平测度方法。具体来看，广东省海洋生物医药产业区位熵指数计算方法如下。

$$LO_{is} = \frac{e_{is}/e_s}{e_{in}/e_n} \quad (6-1)$$

式（6－1）中，e_{is}表示海洋生物医药产业在广东省的产值，$e_{in} = \sum_s e_{is}$表示海洋生物医药产业在全国的总产值，$e_s = \sum_i e_{is}$，表示广东省所有行业的产值，$e_n = \sum_s \sum_i e_{is}$，表示全国所有行业的总产值。$LO_{is}$表示海洋生物医药产业在广东省的区位熵指数，采用广东省海洋生物医药产业的产值占广东省所有行业总产值的份额与海洋生物医药产业全国总产值占全国所有行业总产值之比表示。

从区位熵结果含义来看。如果 $LO_{is}>1$，表明广东省海洋生物医药产业具有较高的集聚水平和主导性比较优势；如果 $LO_{is}<1$，说明广东省海洋生物医药产业集聚水平较为低下，产业不具有比较优势而处于从属地位；如果 $LO_{is}=1$，则表明区域产业集聚水平并不明显。

本书研究数据主要源于2001~2019年的《中国海洋统计年鉴》《广东统计年鉴》《广东省海洋经济发展报告》，部分缺失数据则通过政府官方网站查询或者按照前后发展趋势进行相应填补。

二、测度结果与解释

根据前述计算方法，得出2001~2019年广东省海洋生物医药产业的区位熵指数，具体结果见表6-1。

一方面，从区位熵指数的绝对值来看。2001~2019年，广东省海洋生物医药产业的区位熵指数均小于1，表明地区产业集聚水平仍然较为低下，海洋生物医药产业在广东省区域内不具有比较优势而处于从属地位。从未来产业发展方向出发，仍然需要加强产业集聚程度。

另一方面，从区位熵指数的变动趋势来看。2001~2019年，广东省海洋生物医药区位熵指数处于不断下降的趋势，表明产业集聚程度在不断减弱。2001~2010年，该指数保存在0.1左右；2011~2019年，该指数下滑到0.7左右。上述变化表明，在广东省海洋产业快速发展过程中，海洋生物医药并未表现出优于其他产业的发展速度，导致在海洋产业中处于较为落后的状态。

表6-1　　2001~2019年广东省海洋生物医药产业的区位熵指数

年份	全国总产值（亿元）	广东省总产值（亿元）	全国海洋生物医药生产总值（亿元）	广东省海洋生物医药总产值（亿元）	区位熵
2001	109276.2	12039.25	6.3	0.30	0.43
2002	120480.4	13502.42	13.2	0.30	0.20
2003	136576.3	15844.64	16.5	0.30	0.16
2004	161415.4	18864.62	19.0	0.30	0.14

续表

年份	全国总产值（亿元）	广东省总产值（亿元）	全国海洋生物医药生产总值（亿元）	广东省海洋生物医药总产值（亿元）	区位熵
2005	185998.9	22557.37	28.6	0.40	0.12
2006	219028.5	26587.76	28.3	0.50	0.15
2007	270704.0	31777.01	44.0	0.55	0.11
2008	321229.5	36796.71	58.0	0.60	0.09
2009	347934.9	39482.56	52.0	0.65	0.11
2010	410354.1	46013.06	84.0	0.90	0.10
2011	483392.8	53210.28	151.0	1.00	0.06
2012	537329.0	57067.92	185.0	1.20	0.06
2013	588141.2	62474.79	224.0	1.40	0.06
2014	644380.2	67809.85	258.0	2.00	0.07
2015	686255.7	72812.55	296.0	2.17	0.07
2016	743408.3	80854.91	336.0	2.36	0.06
2017	831381.2	89705.23	385.0	2.56	0.06
2018	914327.1	99945.22	413.0	2.78	0.06
2019	988528.9	107671.07	443.0	3.00	0.06

资料来源：相关年份《中国海洋统计年鉴》《广东统计年鉴》《广东省海洋经济发展报告》。

第二节　广东省海洋生物医药产业集聚水平的比较

为了考察海洋生物医药产业的集聚特征，本书测度广东省海洋三次产业、海洋主要产业的集聚水平。同时上述产业集聚水平与海洋生物医药产业进行比较，用以反映不同产业集聚差异。

一、测度方法与指标

本书在分析广东省海洋三次产业与主要产业集聚水平的过程中，为了保障后文比较的延续性，同样采用区位熵指数来衡量集聚水平。具体来看，广东省海洋三次产业的区位熵指数计算方法如下：

$$LO_{is} = \frac{e_{is}/e_s}{e_{in}/e_n} \tag{6-2}$$

式中，e_{is}表示广东省第N次（一次、二次、三次）产业的总产值，$e_{in} = \sum_s e_{is}$，表示第N次（一次、二次、三次）产业的全国总产值，$e_s = \sum_i e_{is}$，表示广东省所有行业的产值，$e_n = \sum_s \sum_i e_{is}$，表示全国所有行业的总产值。$LO_{is}$表示广东省第N次（一次、二次、三次）产业的区位熵指数。

本书使用数据源于相关年份《中国海洋统计年鉴》《广东统计年鉴》《广东省海洋经济发展报告》。同时，由于2006年海洋统计数据开始进行一次、二次、三次海洋经济产业划分，因此本研究时间期限为2006～2019年。其中，海洋第一产业主要包括海洋捕捞业、海水养殖业、海水灌溉农业等；海洋第二产业包括海洋盐业、海洋石油和天然气业、滨海砂矿业和海洋船舶工业、海洋电力业和海洋生物医药业等；海洋第三产业包括海洋交通运输业和滨海旅游业等。具体数据见表6－2。

表6－2　　2006～2019年海洋三次产业产值情况　　单位：亿元

年份	海洋第一产业生产总值		海洋第二产业生产总值		海洋第三产业生产总值	
	全国	广东	全国	广东	全国	广东
2006	1228.8	182.8	10217.8	1640.5	10145.7	2290.6
2007	1395.4	207.4	12011.0	1738.3	12212.3	2587.0
2008	1694.3	220.0	13735.3	2719.3	14288.4	2886.2
2009	1857.7	184.4	14980.3	2971.7	15439.5	3504.9
2010	2008.0	194.0	18935.0	3920.0	18629.8	4139.6
2011	2381.9	225.8	21685.6	4311.4	21428.5	4654.0
2012	2670.6	180.1	23469.8	5134.9	23904.8	5191.7
2013	2918.0	192.7	24909.0	5352.6	26486.2	5738.3
2014	3109.5	201.0	26660.0	5993.9	30929.6	7034.9
2015	3327.7	254.0	27671.9	6223.3	34534.8	7965.9
2016	3566.0	273.8	28488.0	6500.9	38453.0	9193.8

续表

年份	海洋第一产业生产总值		海洋第二产业生产总值		海洋第三产业生产总值	
	全国	广东	全国	广东	全国	广东
2017	3600.0	318.9	30092.0	6770.4	43919.0	10636.2
2018	3640.0	328.5	30858.0	7169.9	48916.0	11827.5
2019	3729.0	400.1	31987.0	7665.5	53700.0	12993.4

资料来源：相关年份《中国海洋统计年鉴》《广东统计年鉴》《广东省海洋经济发展报告》。

为了比较广东省海洋生物医药产业与其他产业差异，本书同时利用2019年数据来测量海洋经济主要产业的区位熵水平，具体包括滨海旅游业、海洋化工业、海洋交通运输业、海洋油气业、海洋工程建筑业、海洋渔业。上述产业的产值与占比情况见表6－3。

表6－3　　2019年主要海洋经济产业发展情况

产业	全国情况		广东省	
	总产值（亿元）	占比（%）	总产值（亿元）	占比（%）
滨海旅游业	18086	50.60	3581	52.50
海洋化工业	1157	3.20	832	12.20
海洋交通运输业	6427	18	737	10.80
海洋油气业	1541	4.30	575	8.40
海洋工程建筑业	1732	4.80	516	7.60
海洋渔业	4715	13.20	499	7.30

资料来源：《2019年中国海洋经济统计公报》《广东海洋经济发展报告（2020）》。

二、测度结果与解释

（一）广东省海洋三次产业的集聚程度

根据前述计算方法，得出2006～2019年广东省海洋三次产业的区位熵指数，具体结果见表6－4。

表 6 - 4　　2006 ~ 2019 年广东省海洋三次产业区位熵指数

年份	一次产业区位熵	二次产业区位熵	三次产业区位熵
2006	1. 23	1. 33	1. 86
2007	1. 26	1. 23	1. 80
2008	1. 13	1. 72	1. 75
2009	0. 88	1. 75	2. 00
2010	0. 87	1. 85	1. 99
2011	0. 87	1. 82	1. 99
2012	0. 64	2. 06	2. 05
2013	0. 63	2. 04	2. 06
2014	0. 61	2. 13	2. 16
2015	0. 72	2. 13	2. 18
2016	0. 71	2. 11	2. 21
2017	0. 82	2. 09	2. 25
2018	0. 83	2. 14	2. 22
2019	0. 99	2. 21	2. 23

资料来源：根据计算结果整理。

1. 广东省海洋第一产业的集聚程度

一方面，从区位熵指数的绝对值来看，2006 ~ 2008 年，广东省海洋第一产业的区位熵指数大于 1，表明产业集聚水平较高，出现明显集聚发展的趋势；2009 ~ 2019 年，该产业区位熵指数下降到 1 以下，表明地区产业集聚水平较为低下，该产业在广东省区域内不具有比较优势而处于从属地位。

另一方面，从区位熵指数的变动趋势来看，2006 ~ 2019 年，广东省海洋第一产业的区位熵指数变化出现以 2014 年为最低点的“U”型分布。2006 ~ 2014 年期间指数处于不断下降的趋势，产业集聚程度在不断减弱。2014 年集聚水平达到最低点，仅为 0. 61。其后，产业集聚程度开始不断上升，由 2014 年的 0. 61 逐渐上升到 2019 年的 0. 99。

2. 广东省海洋第二产业的集聚程度

一方面，从区位熵指数的绝对值来看，2006 ~ 2019 年，广东省海洋第二产业的区位熵指数均大于1，表明产业集聚水平较高，出现明显集聚发展的趋势，属于地区海洋经济优势主导产业。2019年第二产业区位熵指数达到2.21，表明集聚发展程度非常高。

另一方面，从区位熵指数的变动趋势来看，2006~2019年，广东省海洋第二产业的区位熵指数变化出现持续上升的趋势。虽然在部分年份出现小幅度波动，但总体来看仍然不断向上提升。区位熵指数由2006年的1.33上升到2019年的2.21，表明在上述年份中该产业集聚发展水平不断提升，处于良性发展阶段。

3. 广东省海洋第三产业的集聚程度

一方面，从区位熵指数的绝对值来看，2006~2019年，广东省海洋第三产业的区位熵指数均大于1，表明产业集聚水平较高，出现明显集聚发展的趋势，属于地区海洋经济优势主导产业。同时从上述三次产业的区位熵比较来看，第三产业集聚发展水平最高，表明在地区经济发展过程中出现良好发展态势。

另一方面，从区位熵指数的变动趋势来看，2006~2019年，广东省海洋第三产业的区位熵指数变化出现持续上升的趋势（见表6-4）。虽然在部分年份出现小幅度波动，但总体来看仍然不断向上提升。区位熵指数由2006年的1.86上升到2019年的2.23，表明在上述年份中该产业集聚发展水平不断提升，处于产业良性发展阶段。其中，2017年区位熵指数为2.25，属于产业集聚发展程度最高的年份。

（二）广东省海洋主要产业的集聚程度

根据前述计算公式，本书计算出2019年广东省滨海旅游业、海洋化工业、海洋交通运输业、海洋油气业、海洋工程建筑业、海洋渔业的产业集聚水平，具体结果见表6-5。

从不同海洋产业区位熵指数来看，2019年广东省主要海洋产业中部分产业出现明显集聚现象，包括海洋化工业、海洋油气业、滨海旅游业、海洋工程建筑业。其中，海洋化工业集聚发展程度最高，区位熵指数达到6.6；海洋油气业同样集聚程度较高，区位熵指数为3.43。2019年广东省主要海洋产业中仅有海洋渔业集聚程度不显著，区位熵指数为0.97。

表 6－5　　2019 年广东省海洋主要产业区位熵指数

产业	区位熵指数
滨海旅游业	1.82
海洋化工业	6.6
海洋交通运输业	1.05
海洋油气业	3.43
海洋工程建筑业	2.74
海洋渔业	0.97

资料来源：根据计算结果整理。

三、产业集聚程度比较

（一）海洋生物医药产业与三次产业的比较

从广东省海洋生物医药产业与海洋三次产业的集聚程度比较结果情况来看，海洋生物医药产业在集聚程度上要远远低于海洋产业发展水平。从海洋三次产业情况来看，除海洋一次产业集聚程度未出现明显集聚发展之外，二次产业、三次产业均出现集聚程度较高的情况。但海洋生物医药产业在历年指标得分情况上，均呈现出水平较低的现象。这一点体现了海洋生物医药产业在以往发展过程中的不足。海洋生物医药产业涉及产业内容较为复杂，其生产环节分别涉及一次产业、二次产业、三次产业等。但其总体发展情况并未出现如二次产业与三次产业的总体发展趋势。

从动态变化情况来看。海洋三次产业的集聚程度均出现显著上升的情况。但是海洋生物医药产业集聚发展程度出现了逐年下降的状况。这也是在未来该产业发展过程中急需解决的问题。

（二）海洋生物医药产业与其他海洋产业的比较

广东省海洋生物医药产业集聚程度要远远低于其他海洋产业。无论从区位熵的绝对值，还是从历年区位熵的变化趋势来看，海洋生物医药产业均属于海洋产业发展过程中发展较为落后、从属地位较为明显、集聚态势不显著的产业。从其成因来看，广东省其他海洋产业在发展过程中因其发展规模、技术优势、资源禀赋、交通区位等因素影响，导致出现明显的集聚发展特征。部分产业出现因生产消费高度集中导致的集聚发展趋势，部分产业出现因政府高度重视、强烈引导所导致的集聚发展趋势。部分产业则出现因大项目建设、大企业建设导致的集聚发展趋势。

从海洋交通运输业发展情况来看，近年来广东积极发展海洋交通运输业，通过扩大对21世纪海上丝绸之路沿线国家和地区港口的投资、打造全球港口链、全面启动5G智慧港口建设等方式来引导该产业发展。其中，粤港澳大湾区5G港口创新中心在广州正式成立、招商局集团5G智慧港口创新实验室在深圳揭牌等重大事件，对于该产业规模扩张、集聚发展起到较好的推动作用。

从海洋化工业发展情况来看，目前广东省海洋石化重大项目发展得到有效落实。其中，大亚湾石化区具备了年产2200万吨炼油、220万吨乙烯的生产能力，其炼化一体化规模跃居全国第一，世界级石化基地规模初显；茂名形成了炼油能力达到2500万吨/年、综合配套能力达到2000万吨/年的石油炼油基地，原油加工和乙烯生产能力均处于国内第一方阵。在此情况下，将有助于推动广东省海洋化工行业的地区集聚发展。

从海洋油气业发展情况来看，2019年广东省天然气产量31亿立方米，同比增长13.6%；原油产量1475.1万吨，同比增长5.9%。全省海洋油气业增加值575亿元，同比增长7.5%。在此发展过程中，同样将有效推动产业集聚。

从海洋工程建筑业发展情况来看，广东省在推动海洋工程建筑业发展过程中，采用大项目推动、大项目引导的方式。目前广东省在建、新建跨海桥梁、港口航道、海湾隧道等重点海洋工程建筑项目众多。其中，汕头港广澳港区2个10万吨级集装箱码头顺利建成，湛江港30万吨级改扩建工程动工，深中通道隧道首个钢壳沉管——世界首例双向八车道海底沉管已完成浇筑。在此情况下，诸多建设项目实施将能够很好地推动该产业集聚发展。

从滨海旅游业发展情况来看。广东省通过多种新型发展模式、多种新产品开发来推动滨海旅游业发展。其中，积极探索“旅游+科技”“旅游+文化”“旅游+城镇化”“旅游+互联网”等创新发展模式，不断提高海洋旅游产品多样化程度，深挖邮轮旅游、海岛旅游等市场潜力，开创文化和旅游强省新局面。截至2019年底，全省拥有3A级及以上滨海景区31家。上述发展态势同样有利于该行业的良性发展。

第三节　广东省海洋生物医药产业集聚水平的影响因素

前述具体测度广东省海洋生物医药产业集聚程度，同时结合其他海洋产业集聚情况进行比较。本节则在前述区位熵指数测度的基础上，分析海洋生物医药产业集聚程度的影响因素。

一、研究理论假设

在研究发展过程中，诸多成果证实外部因素对产业集聚发展的重要影响。

一方面，部分成果从产业集聚机理与运行视角进行分析。其中，克鲁格曼（Krugman，1991）认为报酬递增和运输成本是影响产业空间集聚的因素。贺灿飞（2010）认为中国制造业的产业集聚受到产业特性和区域特性两大机制相互作用的影响。王猛和王有鑫（2015）利用2003～2011年中国35个大中城市数据，分析城市文化产业集聚的影响因素，发现包括交通、资源禀赋、管理制度、经济条件等诸多因素将对城市文化产业集聚产生影响。席晓宇等（2015）分析生物医药产业集聚的空间影响因素，发现中国生物医药产业存在较明显的空间集聚性和空间正相关性。贺灿飞（2008）在对中国制造业区域分布的研究中，发现政府的区域政策对产业集聚有明显的导向作用，市场化程度与产业集聚呈正相关关系。李立（2016）发现在物流产业集聚过程中，产业、交通、市场、政府、软硬件基础设施、劳动力成本等因素都是不可或缺的影响因素。此外，纪玉俊（2016）、王凌（2016）、薛莹（2016）分别对渔业、服务业、旅游产业集聚因素进行分析。

另一方面，部分研究具体考察海洋生物医药产业的集聚发展影响因素。吴欣和魏博（2014）利用SWOT分析方法对厦门海洋生物医药产业发展过程中的优势和劣势进行了分析，将发展中的资源要素、政策等条件作为重点参考影响因素。张立军（2014）选取了浙江省海洋生物资源、企业优势、科技人才、技术优势等影响因素具体分析浙江海洋生物医药产业的发展现状。白福臣（2015）利用钻石模型分析产业发展过程中的影响因素，并提出加大科研投入、培养人才等可行性对策。王先磊等围绕海洋药物、海洋生物材料、海洋功能食品和海洋农用制剂等海洋生物医药相关产业，对标分析山东以及国内外海洋生物医药产业的发展现状。李红艳等在分析我国海洋生物医药产业发展现状的基础上，运用灰色关联模型，定量分析产业各影响因子的贡献度，发现发明专利数、海洋生产总值、城镇居民人均医疗保健支出和科研经费收入对我国海洋生物医药产业增加值的影响较大。周慧榆和白福臣（2020）运用区位熵法对广东海洋生物医药产业集聚水平进行了分析；以区位熵值作为因变量，产业特性和区域特性作为自变量，构建了广东省海洋生物医药产业影响因素分析模型进行了实证分析，有针对性地提出政策建议。沈金生和付秀梅等（2013）认为，海洋生物医药产业的产业特性有资源、资本、科技、人力资源和政府政策等因素。其中，区域特性指各个地区的经济发展、市场化程度、基础设施等要素的特性。

二、模型设置与指标选择

（一）计量模型设置

为检验外部因素对海洋生物医药产业集聚的影响，本节构建如下回归模型（6－3）。在上述模型基准回归的基础上，通过变化衡量指标进行稳健性检验。

$$Cluster_i = \alpha_1 Population_i + \alpha_2 Education_i + \alpha_3 Consumption_i + \alpha_4 FTrade_i + \alpha_5 Government_i + \alpha_6 Investment_i + \varepsilon_i \tag{6-3}$$

式（6－3）中，*Cluster* 表示广东省海洋生物医药产业集聚水平；主要解释变量包括 *Population*、*Education*、*Consumption*、*FTrade*、*Government*、*Investment*，分别表示人口因素、经济因素、消费水平因素、对外贸易发展因素、政府管理因素、投资因素等；ε_{it}是随机干扰项。

（二）指标选择

在衡量指标选择过程中，本书遵循理论界研究惯例，进行如下选择与处理（见表6-6）。

表6-6　　　　回归模型变量解释

指标名称	指标含义	衡量方式
Cluster	产业集聚	区位熵指数
Population	人口因素	年末常住人口（万人）
Education	教育因素	普通高等学校在校学生数（万人）
Consumption	经济因素	居民消费水平（元）
FTrade	对外贸易因素	进出口总额（千美元）
Government	地方政府因素	地方财政一般预算支出（亿元）
Investment	投资因素	全社会固定资产投资（亿元）

一方面，从被解释变量来看。本书解释变量为海洋生物医药产业集聚程度 *Cluster*，该指标使用前述广东省海洋生物医药产业区位熵指数进行衡量。

另一方面，从解释变量来看。人口规模是影响海洋生物医药产业集聚的重要因素。理论界研究表明，人口规模因素不仅影响地区经济发展、产业结构调整，同时能够直接影响地区产业产品需求，因此是影响海洋生物医药产业集聚发展的重要因素。本书在衡量过程中使用广东省年末常住人口进行衡量。

教育因素是影响地区经济创新产业集聚的重要因素。教育因素能够提供产业集聚发展过程中的人力资本因素，同时也为产业集聚发展中的技术创新发展提供智力支持。本书在衡量过程中，使用普通高等学校在校人数进行估计。

经济因素是影响产业集聚发展的重要因素。本书利用地区消费水平对该因素进行衡量。其原因在于消费水平不仅体现了经济发展的水平程度高低，同时直接反映在海洋生物医药产业发展过程中的地区消费能力问题。

对外贸易 *FTrade* 是影响产业集聚的重要因素。对外贸易规模不仅能够衔接国内外市场的产品需求供给能够对外资引进，同时为吸引国际先进资本产业进入、推进国际技术溢出提供基础。本书使用广东省地区进出口贸易规模进行衡量。

地方政府因素是影响产业集聚发展的重要因素。地方政府管理能力与管理水平是引导海洋生物医药产业集聚发展的直接因素。本书在衡量过程中使用地方预算支出规模进行衡量。

投资情况直接影响海洋生物医药产业集聚发展过程中的诸多建设投资环节，包括基础建设投入、生产设备使用、工地厂房建设等。本书利用地区全社会固定资产投资进行衡量。

（三）资料来源

本研究数据主要源于2001～2019年的《中国海洋统计年鉴》《广东统计年鉴》《广东省海洋经济发展报告》，部分缺失数据则通过政府官方网站查询或者按照前后发展趋势进行相应填补。同时，在分析过程中，为降低数据波动和异方差影响，对非比例性质数据序列进行取对数处理。

基于上述数据处理方式，表6－7给出主要变量的描述性统计结果。值得注意的是，表中统计结果是基于对数处理之后的统计结果。从结果情况来看，所有指标数据出现稳健性较高、波动性较小的情况。

表6－7　　主要指标的描述性统计结果

指标	极小值	极大值	均值	标准差
Cluster	0.06	0.43	0.1142	0.08707
Population	9.07	9.35	9.221	0.08949
Education	3.64	5.32	4.7939	0.51217
Consumption	8.6	10.57	9.6848	0.59901
FTrade	18.99	20.81	20.2792	0.57748
Government	7.19	9.76	8.5373	0.86675
Investment	8.16	10.75	9.5469	0.82513

资料来源：根据数据处理结果统计。另，本表给出的并非原始数据统计结果。

三、实证结果与解释

表6－8给出回归结果。从总体情况来看，人口规模因素、消费因素、

投资因素是影响海洋生物医药产业集聚发展的重要因素，其中，人口规模、投资规模对产业集聚发展产生显著的正面影响，消费水平则出现显著负面效应。其他因素包括教育水平、对外贸易发展、政府因素等，并未出现对产业集聚发展的显著影响。

表6-8　　地方政府竞争调节效应的全样本回归结果

C	-15.31* (-1.786)
Population	1.854* (1.816)
Education	-0.443 (-2.076)
Consumption	-0.632** (-2.123)
FTrade	0.15 (1.005)
Government	-0.172 (-1.037)
Investment	0.522* (1.845)
R-squared	0.930
Adjusted R-squared	0.865
Prob（F-statistic）	0

注：*、**、*** 分别表示在1%、5%、10%水平上显著；括号中报告t统计量。

从人口规模因素来看。指标估计系数为1.8，且在10%水平下显著。上述结果表明，人口规模增加1%，将海洋生物医药产业集聚程度上升1.85%。从成因来看。人口因素是决定产业集聚的重要因素。在人口规模增加过程中，将为海洋生物医药产业发展提供必不可少的人力资源因素，同时为生物医药产品消费提供广阔的需求市场。在此情况下，在广东省常住人口不断增加的情况下，将为海洋生物医药生产与消费提供良好的帮助，推动该产业集聚发展。

从投资因素来看。该指标回归系数为0.52，且在1%水平下显著。上述结果表明，地方投资规模增加1%，则产业集聚程度增加0.5%。上述结果符合理论预期。在海洋生物医药产业集聚发展过程中，无论是产业发展、产业转移、产业扩张，都离不开社会投资发展。海洋生物医药产业具有明显的高投入、高技术含量、高风险等特征，因此其集聚发展将出现对投入规模的高度依赖。在此情况下，投资发展将能够很好地促进产业集聚。

从消费因素来看。该指标回归系数为-0.6，在5%水平下显著。该结果表明，消费水平和海洋生物医药产业之间出现负相关关系。从其成因来看，在地区生活水平与消费水平提升的过程中，导致对于其他医药产品产生更高需求，由此制约海洋生物医药产品的扩张。

从其他因素情况来看。教育程度、政府支出、对外贸易发展等因素并未对海洋生物医药产业集聚产生显著影响。上述结果解释了广东省海洋生物医药产业集聚程度不高的原因。从近期广东省海洋经济发展情况来看，整体出现高速发展态势，同时无论政府部门还是市场企业均较为重视。但海洋生物医药产业相对于其他海洋产业仍然发展较为滞后。政府在推动海洋经济发展的过程中，对于海洋生物医药产业并未出现高度重视。地区教育水平、对外贸易发展等因素能够很好地推动地区经济增长与产业变动，但其作用效果并未拓展到海洋生物医药产业领域。上述现象很好地解释了为什么广东省海洋生物医药产业集聚水平要远远落后于其他海洋产业的原因，即诸多外部因素并未发生相应的调节影响效应。当然，上述结果也表明，在未来海洋生物产业集聚发展过程中需要解决上述问题。

第七章　广东省海洋生物医药产业集聚发展的影响效应

本章检验广东省海洋生物产业集聚发展的影响效应。结合前述理论假设，利用广东省相应数据，通过单位根检验、脉冲响应函数、方差分解分析等方法，具体考察海洋生物医药产业集聚发展所导致的经济增长效应、技术创新效应与FDI聚集效应。

第一节　广东省海洋生物医药产业集聚的经济增长效应

一、经济增长效应的理论假设

产业集聚导致经济增长效应属于理论界研究的重要课题。诸多学科理论如工业区位理论、新经济地理学理论、产业竞争力理论等，均对此问题进行探讨，并从多种视角证实产业集聚的经济增长效应。实际上，无论理论界抑或实务界关注产业集聚发展，不仅在于集聚发展能够有效提升产业与企业竞争力，同样在于产业集聚对于经济发展的有效推动作用。从海洋生物医药产业情况来看。前述研究理论分析同样表明，海洋生物医药产业集聚可以通过共享效应、匹配效应、竞争效应以及规模经济效应等方式，形成对经济发展的促进作用。

理论界实证研究成果同样证实上述假设。于谨凯等（2014）利用2000～2011年中国沿海11省市面板数据，证实海洋产业集聚与经济增长之间并非简单的线性关系，而是呈现出倒“U”型曲线关系，适度集聚通过规模经济效应促进经济增长，过度集聚则因为拥挤效应阻碍经济增长。纠手才、张效莉（2016）利用 2001 ~ 2013 年东海经济区海洋产业面板数据进行检验，同样证实海洋产业集聚与区域经济增长之间并非简单的线性关系。纪玉俊、宋金泽（2018）利用 2006 ~ 2014 年中国 11 个沿海省份面板数据，分析海洋产业集聚与区域生产率的关系，发现二者之间存在倒“U”型关系，目前中国海洋产业集聚水平处于倒“U”型曲线的左侧，提高集聚水平有利于区域生产率提高。黄庆华等（2020）利用 2006 ~ 2016 年长江经济带 107 个地级市数据，分析产业集聚对长江经济带经济发展的影响。研究结果证实，产业集聚能够有效发挥经济外部性，并通过“竞争激励效应”促进地区创新能力，提高经济发展质量。值得注意的是，理论界研究主要是利用海洋产业数据进行总体分析，但缺乏关于海洋生物医药产业的研究。在此情况下，本节研究将有助于弥补理论界不足。

二、模型设定与指标选择

（一）计量模型设定

本节考察海洋生物医药产业集聚发展的经济增长效果。在研究开展过程中，将通过静态分析与动态分析相结合的方式来实施。其中，动态研究采用格兰杰因果检验分析海洋生物医药产业集聚与地区经济增长之间的因果关系，同时采用面板协整、面板向量自回归模型、脉冲响应函数、方差分解分析等方式，研究海洋生物医药产业集聚对地区经济增长的贡献程度。

从具体分析思路来看，本节首先引入因果关系检验方法对各变量间的因果互动关系进行说明，在此基础上进行 VAR 模型的脉冲响应函数分析和方差分解，以确定海洋生物医药产业集聚对地区经济增长的贡献度。

（二）指标与资料来源

海洋生物医药产业集聚发展的衡量指标仍然选择前述所度量的区位熵指数；对于地区经济发展的衡量指标则选择地区 GDP。从时间跨度来看，选择 2001 ~2019 年相应数据。在数据处理过程中，为了避免数据波动，结合理论界研究惯例对于经济增长指标进行对数处理。

本节研究数据及本章后文相应数据，均来自相应年份《中国统计年鉴》《广东统计年鉴》；部分缺失数据按照前述所公布方式进行有效补齐。

三、实证结果与解释

（一）数据平稳性检验

数据平稳性检验是进行后续实证分析的基础。无论是格兰杰因果检验还是面板数据回归，数据平稳是前提条件。面板数据既包含时间序列数据也包含截面数据，本书数据跨度 19 年，必须进行平稳性检验，否则可能存在伪回归问题。在此过程中，单位根检验是检测时间序列是否平稳的方法，常用的检验方法包括 Levin 检验、ADF 检验、PP 检验等。当然，由于检验原理不同，不同检验方法的结果不尽相同。本书在研究过程中将结合理论界惯例，采用 ADF 检验，滞后阶数根据 AIC 和 SC 准则确定。

表 7 -1 给出 LQ 指数与地区 GDP 数据的 ADF 检验结果。检验结果表明，两变量均属于平稳的零阶单整序列，由此可以进行后续的检验分析。

表 7 -1　　LQ、GDP 的 ADF 检验结果

检验方法	置信区间	LQ 指数检验结果		GDP 检验结果	
		t - Statistic	Prob. *	t - Statistic	Prob. *
扩充迪基 - 福勒检验统计量 (Augmented Dickey - Fuller test statistic)	—	-3. 622657	0. 0161	-9. 599972	0
测试临界值（Test critical values)	1% level	-3. 857386		-3. 857386	
	5% level	-3. 040391		-3. 040391	
	10% level	-2. 660551		-2. 660551	

资料来源：根据实证分析结果整理。

（二）格兰杰因果检验

由于本节研究数据序列为平稳的时间序列，由此进行格兰杰因果检验，以探讨变量之间是否存在双向的因果互动关系。具体来看，格兰杰因果检验的基本原理是考察一个变量的滞后项是否会显著影响另一个变量的当期值，如果这种影响显著存在，则称该变量是另一变量的因，如果这种影响双向存在，则称这两个变量互为因果。根据上述原理，以下具体分析海洋生物医药产业集聚与地区经济增长之间的因果关系，相应检验结果如下。考虑到影响海洋经济的各变量滞后期一般不超过3年，因此本书以此为准进行格兰杰因果检验，结果如表7－2所示。

表7－2　　LQ、GDP的格兰杰因果检验结果

Null Hypothesis	Obs	F－Statistic	Prob.
LQ 不会导致 LNGDP（LQ does not Granger Cause LNGDP）	17	8.26502	0.0055
LNGDP 不会导致 LQ（LNGDP does not Granger Cause LQ）	—	3.47617	0.0644
LQ 不会导致 LNGDP（LQ does not Granger Cause LNGDP）	16	4.63854	0.0317
LNGDP 不会导致 LQ（LNGDP does not Granger Cause LQ）	—	1.88915	0.2019
LQ 不会导致 LNGDP（LQ does not Granger Cause LNGDP）	15	2.16291	0.1903
LNGDP 不会导致 LQ（LNGDP does not Granger Cause LQ）	—	0.24150	0.9048

资料来源：根据实证分析结果整理。

从海洋生物医药产业集聚与地区经济增长的关系看，在滞后期2年的情况下，海洋生物医药产业集聚不是地区经济增长的格兰杰原因，地区经济增长不是海洋生物医药产业集聚的格兰杰原因；在滞后期3年的情况下，海洋生物医药产业集聚不是地区经济增长的格兰杰原因，地区经济增长是海洋生物医药产业集聚的格兰杰原因；在滞后期4年的情况下，海洋生物医药产业集聚是地区经济增长的格兰杰原因，地区经济增长是海洋生物医药产业集聚的格兰杰原因。

上述结果表明，从短期经济发展情况来看，在滞后期2年的情况下，海洋生物医药产业集聚与地区经济增长之间的相互关系并不明显，即二者之间并不会出现明显的相互影响效果。但在滞后期4年的情况下，二者之间的相互影响关系得以体现，即海洋生物医药产业集聚随着时间发展，能够对地区经济产生影响，但其效果发挥出现时间较为滞后的情况。

（三）脉冲响应函数分析与方差分解

协整检验和格兰杰因果关系检验都只能反映变量之间的局部关系，不能捕捉全面复杂的动态过程，脉冲响应函数能够全面地反映各变量之间的动态关系。因此，本节在研究海洋生物医药产业集聚与地区经济增长相互关系的过程中，利用向量自回归分析来看考察二者关系。具体结果如图 7－1 所示。

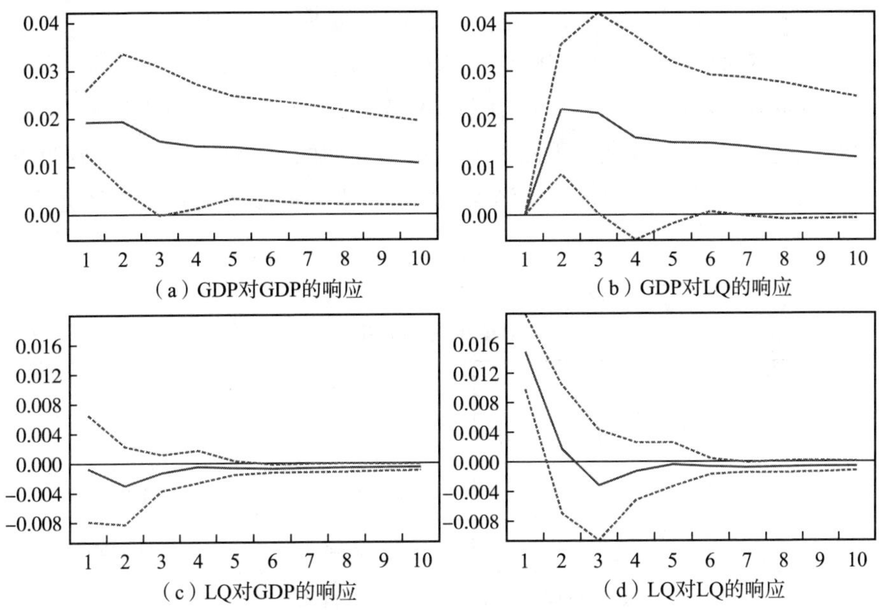

图 7－1　海洋生物医药产业集聚与地区经济增长的脉冲响应结果

从海洋生物医药产业集聚对地区经济发展的脉冲响应效果来看，来自海洋生物医药产业集聚程度一个标准差的正向冲击，当期对地区经济增长造成负面影响，其后影响逐渐增加；在前 2 期，海洋生物医药产业集聚产生负向冲击，其影响效果不断增加；从第 2 期开始，海洋生物医药产业集聚冲击效果达到最大值，其后影响效果在逐渐衰退；从第 5 期开始，其冲击效应逐渐趋于稳定。上述结果表明，海洋生物医药产业集聚能够有效地影响地区经济发展，但其影响效果主要是负面影响，同时期影响效果存在一定的时间滞后性。

从地区经济发展对海洋生物医药产业集聚的脉冲响应效果来看，来自地区经济增长一个标准差的正向冲击，当期对海洋生物医药产业集聚程度地区经济增长造成正面影响，其后影响逐渐增加；在前2期，地区经济增长产生正向冲击，其影响效果不断增加；从第2期开始，地区经济增长冲击效果达到最大值，其后影响效果在逐渐衰退。上述结果表明，地区经济发展能够有效影响海洋生物医药产业集聚发展，但其影响效果主要是正向影响，且影响效果存在一定的时间滞后性。

在上述研究基础上，进一步做地区经济增长的方差分解。方差分解有助于分析各变量间的相互贡献度。具体结果如表7－3所示。在第1期预测中，地区经济增长的变化基本上是由自身扰动引起的，其后相应比例还是有所下降。在第10期，上述比例下降到47.5%。同时可以发现，海洋生物医药产业的贡献度在不断上升。从第2期的39.4%逐渐上升到第10期的52.5%。由此同样证明海洋生物医药产业集聚发展对地区经济增长的影响。

表7－3　　GDP的方差分解

期	S. E.	LNGDP	LQ
1	0.01922	100	0
2	0.035071	60.55579	39.44421
3	0.043722	51.19328	48.80672
4	0.048694	49.81154	50.18846
5	0.052837	49.34329	50.65671
6	0.056487	48.74253	51.25747
7	0.059559	48.26194	51.73806
8	0.062154	47.94299	52.05701
9	0.064389	47.70736	52.29264
10	0.066332	47.51726	52.48274

资料来源：根据实证分析结果整理。

第二节　广东省海洋生物医药产业集聚的技术创新效应

一、技术创新效应的理论假设

产业集聚同样将导致技术创新效应。早在亚当·斯密的《国富论》中，便已经深入探讨产业分工、专业化与技术进步之间的关系。其后，诸多理论探讨产业集聚因其企业与人员集中所引致的技术创新效应。从海洋生物医药产业情况来看，本书理论分析部分从知识溢出视角展开，认为海洋生物医药产业集聚将通过人才流动、研发合作、产业关联等方式引起知识溢出，并由此导致产业技术水平发展与生产水平提升。

从学界实证研究成果来看。海洋经济集聚发展与技术创新的实证研究成果相对较少，针对海洋生物医药产业进行的研究则较为缺乏。当然，现有部分研究成果仍然证实前述理论分析。其中，徐胜、杨学龙利用2005～2015年中国沿海省份面板数据，考察海洋产业集聚与创新驱动之间的关系，通过灰色关联分析发现，创新投入与海洋产业集聚程度有最大关联度，同时广东省和山东省的协同度最高。[①] 曲琳、邢秀凤利用2012～2016年环渤海湾经济圈42家上市海洋企业的面板数据，利用中介效应模型分析海洋产业集聚、市场竞争与企业研发投入之间的关系，发现海洋产业集聚与企业研发投入之间存在着显著正相关的关系，集聚有助于区域内企业增加研发投入；市场竞争程度对产业集聚与企业研发投入的关系起着正向的调节作用。[②] 孙康等利用2006～2014年中国沿海省份面板数据，通过随机前沿分析方法测度海洋经济技术效率，采用工具变量二阶段最小二乘法（2SLS）进行实证检验，发现金融集聚对海洋经济技术效率促进效应不明

---

① 徐胜，杨学龙．创新驱动与海洋产业集聚的协同发展研究——基于中国沿海省市的灰色关联分析［J］．华东经济管理，2018，32（2）：109－116．

② 曲琳，邢秀凤．海洋产业集聚对企业研发投入的影响——基于环渤海湾经济圈的研究［J］．北方经贸，2020（10）：111－112，126．

显，其原因可能在于海洋经济发展过程中存在“金融抑制”现象。①

二、实证结果与解释

（一）单位根检验

表 7 –4 给出地区专利申请的单位根检验结果。检验结果表明，该变量均属于平稳的二阶单整序列，即 I（2）序列。在此基础上，进行后续的检验分析。

表 7 –4　　专利申请的单位根检验结果

检验方法	置信区间	t – Statistic	Prob. *
扩充迪基 – 福勒检验统计量（Augmented Dickey – Fuller test）	—	–3. 6665	0. 0015
测试临界值（Test critical values）	1% level	–2. 754993	
	5% level	–1. 970978	
	10% level	–1. 603693	

资料来源：根据实证分析结果整理。

（二）协整检验

ADF 单位根检验表明各指标变量本身是非平稳序列，但是其线性组合可能是平稳序列，这种线性组合可用来表示变量之间的长期均衡关系，称为协整关系。本节根据 AIC 和 SC 准则选择模型滞后阶数，分别构造海洋生物医药产业集聚对地区技术发展和地区技术发展对海洋生物医药产业集聚的 VAR 模型，利用 Johansen 检验进行协整检验。

检验结果表明，滞后阶数为 2 时，AIL 和 SC 的值最小，故选择滞后阶数为 2，海洋生物医药产业集聚和地区技术发展的协整检验结果见表 7 –5。在 95% 的置信度水平下，海洋生物医药产业集聚和地区技术发展之间存在 1 个协整关系，变量之间存在长期的均衡关系。

① 孙康，张超，刘峻峰．金融集聚提升了海洋经济技术效率吗？——基于 IV –2SLS 和门槛回归的实证研究［J］. 资源开发与市场，2017，33（5）：584 –590.

表 7-5　海洋生物医药产业集聚与地区技术发展的协整检验结果

假设（Hypothesized）	—	痕迹（Trace）	0.05	—
No. of CE（s）	特征值（Eigenvalue）	统计值（Statistic）	临界值（Critical Value）	可能性（Prob.）
无（None）	0.341514	11.17984	12.3209	0.0771
最多 1 个（At most 1）	0.244917	4.49484	4.129906	0.0404
假设（Hypothesized）	—	痕迹（Trace）	0.05	—

（三）格兰杰因果检验

协整关系只能检验各变量之间单向的因果关系，为了探讨各变量之间是否存在双向的因果互动关系，本书利用格兰杰因果检验方法进行检验。考虑到影响海洋经济的各变量滞后期一般不超过 2 年，因此本书以此为准进行格兰杰因果检验，结果如表 7-6 所示。从海洋生物医药产业集聚与地区技术发展的关系看，在滞后期 1 年的情况下，海洋生物医药产业集聚是地区技术发展的格兰杰原因，地区技术发展不是海洋生物医药产业集聚的格兰杰原因。

上述结果表明，在海洋生物医药产业集聚发展过程中，出现对于地区技术发展水平的推动作用。但地区技术发展并未能有效提升产业集聚水平，海洋生物医药产业集聚得以形成的原因可能在于其他方面。

表 7-6　海洋生物医药产业集聚与地区技术发展的格兰杰因果检验结果

Null Hypothesis	Obs	F-Statistic	Prob.
LQ does not Granger Cause LNGDP	18	16.4389	0.001
LNGDP does not Granger Cause LQ		0.00047	0.9829

资料来源：根据实证分析结果整理。

（四）脉冲响应函数分析与方差分解

协整检验和格兰杰因果关系检验都只能反映变量之间的局部关系，不能捕捉全面复杂的动态过程，脉冲响应函数能够全面地反映各变量之间的动态关系。由此，本节在研究海洋生物医药产业集聚与地区技术创新相互关系的过程中，利用向量自回归分析来看考察二者关系。具体结果如图 7 –2 所示。

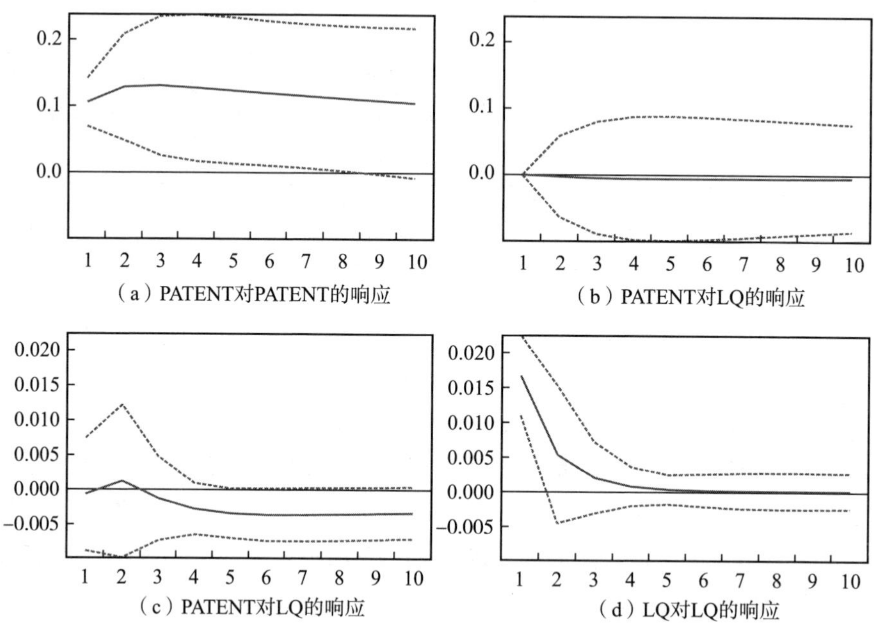

图 7 –2　海洋生物医药产业集聚与技术进步的脉冲响应

一方面，从海洋生物医药产业集聚对地区技术发展的脉冲响应效果来看，来自海洋生物医药产业集聚程度一个标准差的正向冲击，当期对地区技术增长造成负面影响，其后影响逐渐增加；在前 2 期，海洋生物医药产业集聚产生负向冲击，其影响效果不断增加；从第 2 期开始，海洋生物医药产业集聚冲击效果达到最大值，其后影响效果在逐渐衰退；从第 2. 5 期开始，其冲击效应逐渐转化为负向影响，其后影响效果趋于稳定。上述结果表明，海洋生物医药产业集聚能够有效影响地区经济发展，但其影响效果主要是负面影响，同时影响效果存在一定的时间滞后性。

另一方面，从地区技术发展对海洋生物医药产业集聚的脉冲响应效果来看，来自地区技术增长一个标准差的正向冲击，当期对海洋生物医药产业集聚程度地区技术发展造成正面影响，其后影响逐渐增加；在前 2 期，地区经济增长产生正向冲击，其影响效果不断增加；从第 4 期开始，地区经济增长冲击效果达到最大值，其后影响效果逐渐趋于稳定。上述结果表明，地区技术发展能够有效影响海洋生物医药产业集聚发展，其影响效果主要是正向影响，且影响效果存在一定的时间滞后性。

在上述研究基础上，进一步做地区技术进步的方差分解。方差分解有助于分析各变量间的相互贡献度。具体结果如表 7 –7 所示。在第 1 期预测中，地区进步的变化基本上都是由自身扰动引起的，其后相应比例还是有所下降。在第 10 期，上述比例下降到 99. 83% 。同时可以发现，海洋生物医药产业的贡献度在不断上升，从第 2 期的 2. 56% 逐渐上升到第 10 期的 16. 66% 。由此同样证明海洋生物医药产业集聚发展对地区经济增长的影响。

表 7 –7　　　　地区技术进步的方差分解

期	S. E.	Patent	LQ
1	0. 105277	100. 0000	0. 0000
2	0. 166174	99. 97434	0. 025658
3	0. 211288	99. 93717	0. 062834
4	0. 246703	99. 90591	0. 094093
5	0. 275819	99. 88289	0. 117110
6	0. 300540	99. 86640	0. 133596
7	0. 321993	99. 85445	0. 145552
8	0. 340888	99. 84555	0. 154454
9	0. 357710	99. 83873	0. 161275
10	0. 372806	99. 83336	0. 166641

资料来源：根据实证分析结果整理。

值得注意的是，通过上述方差分解可以发现，海洋生物医药产业集聚对于地区技术进步存在一定影响，但其影响效果相对较小。上述特征同样可以通过图 7 –3 得以体现。

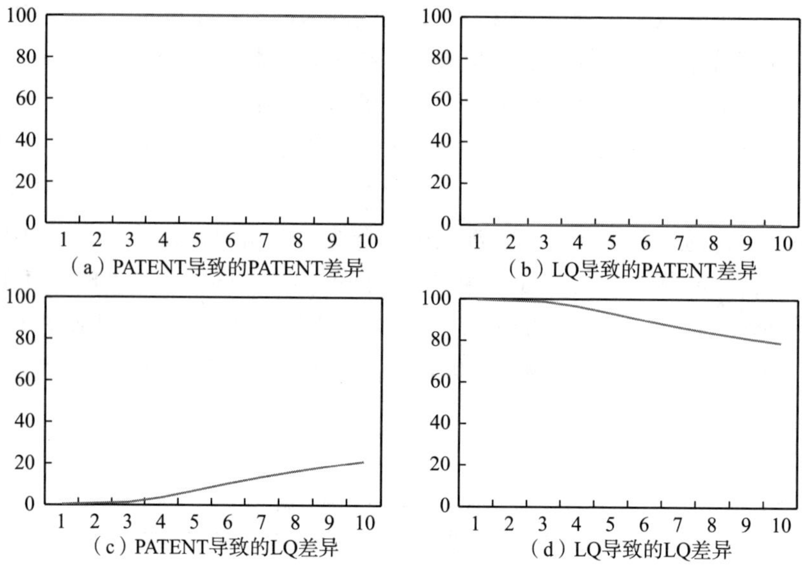

图7-3　海洋生物医药产业集聚技术创新效应的方差分解

第三节　广东省海洋生物医药产业集聚的FDI集聚效应

一、FDI集聚效应的理论假设

产业集聚同样因为国际产业与国际投资转移导致FDI聚集效应。在国际产业区位选择与转移过程中，东道国产业地区集聚将因为诸多降低生产成本、节约交易成本的优势，导致国际投资更加倾向于产业集聚地区。上述FDI聚集效应实际上可视为产业集聚功能在国际市场的体现。从海洋生物医药产业情况来看。前述分析表明，产业集聚发展过程中将通过降低交易成本、提高交易效率以及增强企业竞争优势等方式，加强对FDI的吸引作用，由此出现FDI聚集效应。

从理论界相应研究来看。目前理论界缺乏海洋产业集聚、海洋生物医药产业集聚与FDI之间关系的研究，但部分其他领域研究成果通过为本研究开展提供启示。具体来看，武晓霞等通过Hotelling选址模型与Stackelberg领导模型分析，发现随着产业集聚规模的扩大，外资企业会在集聚正外部性高于负外部性时选择在集聚中心投资，在集群达到临界规模后，集聚负外部性超过正外部性时选择在外围地区投资，从而形成范围更广阔的产业聚集区。[①] 曾鹏、孔令乾利用2000~2014年中国省级面板数据进行分析，发现FDI与高技术产业集聚两者之间具有相互促进的关系。[②] 关春玉、许启发利用中国287个城市数据进行研究，发现服务业二维集聚有利于FDI流入，同时生产性服务业集聚对FDI具有正向作用，消费性服务业集聚则具有消极抑制作用，金融、交通运输和房地产的企业集聚有利于FDI流入。[③] 矫萍等分析长三角资本密集型制造业集聚与FDI分布之间的关系，发现在制造业发展的成长阶段，FDI的进入对于产业集聚的形成起到关键作用；随着产业发展进入成熟阶段，产业集聚效应进一步吸引FDI进入。[④]

二、实证结果与解释

（一）单位根检验

表7-8给出广东地区FDI的ADF检验结果。检验结果表明，该变量均属于平稳的一阶单整序列，即I（1）序列。在此基础上，进行后续的检验分析。

表7-8　　广东地区FDI的ADF检验结果

检验方法	置信区间	t-Statistic	Prob. *
扩充迪基-福勒检验统计量（Augmented Dickey-Fuller test statistic）	—	-4.751856	0.0001
测试临界值（Test critical values）	1% level	-2.708094	—
	5% level	-1.962813	—
	10% level	-1.606129	—

资料来源：根据实证分析结果整理。

① 武晓霞，任志成，姜德波，孙治宇．产业集聚与外商直接投资区位选择：集中还是扩散？[J]．产业经济研究，2011（5）：26-34.

② 曾鹏，孔令乾．FDI与高技术产业集聚互动机理探讨——新经济地理学视角[J]．重庆大学学报（社会科学版），2017，23（6）：1-12.

③ 关春玉，许启发．服务业二维集聚对FDI的影响——中国287个城市的实证分析[J]．北方民族大学学报（哲学社会科学版），2017（4）：125-129.

④ 矫萍，姜明辉，叶婉婧．长三角资本密集型制造业集聚与FDI的互动关系研究[J]．工业技术经济，2012，31（7）：98-105.

（二）协整检验

ADF 单位根检验表明各指标变量本身是非平稳序列，但是其线性组合可能是平稳序列，这种线性组合可用来表示变量之间的长期均衡关系，称为协整关系。以下根据 AIC 和 SC 准则选择模型滞后阶数，分别构造海洋生物医药产业集聚对地区 FDI 和地区 FDI 对海洋生物医药产业集聚的 VAR 模型，利用 Johansen 检验进行协整检验。

检验结果表明，滞后阶数为 1 时，AIL 和 SC 的值最小，故选择滞后阶数为 2，海洋生物医药产业集聚和地区 FDI 的协整检验结果见表 7 -9。在 95% 的置信度水平下，海洋生物医药产业集聚和地区 FDI 之间存在 1 个协整关系，变量之间存在长期的均衡关系。

表 7 -9　　海洋生物医药产业集聚与地区 FDI 的协整检验结果

Hypothesized	—	Trace	0. 05	—
No. of CE（s）	Eigenvalue	Statistic	Critical Value	Prob. **
None *	0. 655501	20. 01465	15. 49471	0. 0097
At most 1	0. 105658	1. 898332	3. 841466	0. 1683
Hypothesized	—	Trace	0. 05	—

（三）格兰杰因果检验

协整关系只能检验各变量之间单向的因果关系，为了探讨各变量之间是否存在双向的因果互动关系，本书利用格兰杰因果检验方法进行检验。考虑到影响海洋经济的各变量滞后期一般不超过 2 年，因此本书以此为准进行格兰杰因果检验，结果如表 7 -10 所示。从海洋生物医药产业集聚与地区 FDI 增长的关系看，在滞后期 1 年的情况下，海洋生物医药产业集聚是地区 FDI 增长的格兰杰原因，地区 FDI 增长不是海洋生物医药产业集聚的格兰杰原因。

上述结果表明，在海洋生物医药产业集聚发展过程中，出现对于地区 FDI 增长的推动作用。但地区 FDI 增长并未能有效提升产业集聚水平，海洋生物医药产业集聚得以形成的原因可能在于其他方面。

表 7－10　　海洋生物医药产业集聚与地区 FDI 的格兰杰因果检验结果

Null Hypothesis	Obs	F－Statistic	Prob.
FDI does not Granger Cause LQ	18	14. 2727	0. 0018
LQ does not Granger Cause FDI	—	1. 18214	0. 2941

资料来源：根据实证分析结果整理。

（四）脉冲响应函数分析与方差分解

协整检验和格兰杰因果关系检验都只能反映变量之间的局部关系，不能捕捉全面复杂的动态过程，脉冲响应函数能够全面地反映各变量之间的动态关系。因此，本书在研究海洋生物医药产业集聚与地区 FDI 相互关系的过程中，利用向量自回归分析来看考察二者关系。

一方面，从海洋生物医药产业集聚对地区 FDI 发展的脉冲响应效果来看，来自海洋生物医药产业集聚程度一个标准差的正向冲击，当期对地区 FDI 造成负面影响，其后影响逐渐扩大；在前 2 期，海洋生物医药产业集聚产生负向冲击，其影响效果不断增加；从第 3 期开始，海洋生物医药产业集聚冲击效果达到最大值，其后影响效果在逐渐衰退。上述结果表明，海洋生物医药产业集聚能够有效影响地区 FDI 发展，但其影响效果主要是负面影响，同时影响效果存在一定的时间滞后性。

另一方面，从地区 FDI 发展对海洋生物医药产业集聚的脉冲响应效果来看，来自地区 FDI 增长一个标准差的负向冲击，当期对海洋生物医药产业集聚程度发展造成负向影响，其后影响逐渐增加；在第 2 期，地区 FDI 增长的负向冲击效果达到最大值，其影响效果不断降低。上述结果表明，地区 FDI 发展能够有效影响海洋生物医药产业集聚发展，其影响效果主要是负向影响，且影响效果存在一定的时间滞后性。

第八章 海洋生物医药产业集聚发展的国内外经验借鉴

本章为海洋生物医药产业集聚发展的经验借鉴。一方面，分析美国、日本、欧洲等国家和地区在海洋生物医药产业集聚发展过程中的先进经验。另一方面，结合国内沿海经济省份如山东、广西、福建等地区数据，描述其产业集聚发展经验。

第一节 海洋生物医药产业集聚发展的国外经验

海洋生物医药产业在世界范围内得到巨大发展。自 1967 年海洋药物国际学术讨论会第一次在美国召开后，世界各地先后建立欧洲海洋生物技术学会和泛美海洋生物技术协会、亚太海洋生物技术学会等区域学术交流组织。1968 年美国国家情报委员会（NIC）对海洋生物资源的抗癌活性筛选使海洋生物医药的研究成为一个独立的领域。20 世纪 70 年代以来，世界海洋生物医药研究进入全面发展阶段。20 世纪 80 年代世界范围内掀起海洋生物提取热潮后，日本、美国、韩国、印度、荷兰、挪威、加拿大、波兰、法国等国均已能够生产海洋生物提取物及其衍生品，极大地促进了全球海洋生物医药产业的发展。全球海洋生物医药产业发展规模在 2015 年已达数十亿美元，之后每年都有将近 20% 的增长率，推动了世界海洋经济的发展。

诸多国家和地区在推动海洋生物医药产业发展过程中取得丰富经验，并逐渐推动产业集聚发展。许多国家利用相应政策计划实施来推动海洋生物医药产业发展，如美国的“海洋生物技术计划”、日本的“海洋蓝宝石计划”、欧盟的“PharmaSea”计划、英国的“海洋生物开发计划”等，有效促进产业的合理发展与规划；世界各国建立了诸多海洋生物医药研究中心，如美国马里兰大学海洋生物技术中心、美国伍兹霍尔海洋研究所、加州大学圣地亚哥分校海洋生物技术和环境中心、美国斯克里普斯海洋学研究所、法国海洋开发所、英国国家海洋中心、日本海洋科学技术中心等，为海洋生物医药产业创新生态系统的技术创新、服务创新提供强大动力。在此过程中，世界各地形成了诸多海洋生物医药产业集聚中，包括美国纽约、华盛顿、伍德维尔、圣迭戈、印第安纳波利斯等地区；欧洲英国伦敦、伯明翰，瑞士巴塞尔，西班牙马德里等；以及亚太日本东京，韩国首尔，中国青岛、上海等沿海城市。

一、美国发展经验

（一）美国海洋生物医药产业概况

美国属于海洋强国，同样属于海洋经济强国和海洋生物医药产业发展强国。美国海洋面积有1217.46万平方千米，拥有丰富的海洋资源，是世界上最先发展海洋生物医药产业的国家，也是全球海洋生物医药产业发展体系建设较为完善的国家。作为全球海洋生物医药产业首屈一指的核心区域，其有关的生物医药产品年销售额占到全球市场的50%以上。从美国海洋生物医药产业的发展经验来看，关键技术的突破、创新生态系统的形成、科技政策保障体系的建立、广泛的资金来源渠道等是海洋生物医药产业发展的关键。

（二）美国海洋生物医药产业集聚发展经验

1. 重视关键核心技术研发

海洋生物医药产业属于高新技术产业，其产业发展高度依赖技术发展，而技术水平的高低直接影响海洋药源的发现和海洋药物的研制等环节的进展。第一个由海洋天然产物衍生而来并最终成功上市的药物（阿糖胞苷）在1955年被美国食品药品监督管理局（FDA）批准上市，标志着美国海洋生物医药研究成果开始由实验室走向市场。1967年，美国联邦政府卫生研究院开始设立国家海洋医药和药理学研究所来推动海洋药物研究，同时组建一批海洋生物研究中心，其中包括加州大学海洋生物技术和环境中心、美国国立卫生研究院海洋生物研究中心等。在1980年“拜杜法案”的推动下，这些海洋生物医药科研机构通过与顶尖的生物医药科技公司（例如 Calithera Biosciences）开展科技合作，将实验室基础研究阶段发现的海洋抗肿瘤活性实体实现产业化并成功推向市场。2004年ω-芋螺毒素MVIIC正式被批准以商品名Prialt上市，美国在海洋生物医药研究成果向产业化方向又迈出重要一步。

2. 创新生态系统理念

美国海洋生物医药产业发展过程中强调创新生态系统理念。2004年1月，美国总统技术顾问委员会发布的《维护国家的创新生态系统、信息技术制造和竞争力》报告中首次提出“创新生态系统”的概念：创新生态系统使经济发展和技术进步所需的平台和人才形成动态良好的互动方式以提高创新能力，是影响国家技术水平和创新发展的关键因素。美国竞争力委员会在2004年7月《创新美国：在挑战和变化世界中保持繁荣》的报告中提出“创新框架”，认为决定美国在21世纪成功的最重要因素是创新，创新应被视为在经济和社会等领域具有多面性并形成持续相互作用力的生态系统。在此情况下，美国海洋生物医药产业发展形成了良好的创新生态系统模式，其中运行主体包括发明家、创业者、海洋生物医药科技型企业、政府、世界水平的高等院校、研发中心、金融市场和风险投资等。在完善的制度建设、健全的投融资保障体系及高效的知识产权保护体制的推动下，美国海洋生物医药产业呈现创新循环发展，保存了良好的市场竞争力。

3. 完善科技政策保障体系

（1）以产品生命周期为基准。美国海洋生物医药产业发展的科技政策保障体系主要结合产品生命周期理论，创建优越的药品创新政策环境，分阶段对海洋药品研发（海洋创新药物的研发扶持政策）、上市（注册审评政策）和流通（市场回报政策）三部分来进行制度保障和政策支持。上述从海洋创新药物研发到成功上市过程中的配套保障体系，使企业研发制度性成本降低、审评周期减少、创新回报速度加快，从而推动科技型企业的持续创新。在此过程中，形成了辉瑞、施贵宝、金纳莱（Genaera）、礼来（Eli Lilly）、眼力健（Allergan）等核心企业，与金融行业、政府、科研机构形成共荣共生互动模式，为海洋医药产业发展提供了持续的创新活力。

（2）注重协同创新。从产业发展空间上来看，美国海洋生物医药产业发展形成了高度集聚的产业群。大部分的州和地区把集群化发展作为首要的发展策略目标。1992 年美国成立“海洋联盟”，有多个海洋机构参与成立，是产学研发展的最早模式，为产业集群的政府、民企和科研机构三者之间合作搭建了“桥梁”。密西西比地区和夏威夷地区均建立了海洋科技产业园区，为海洋生物资源的开发与利用提供了技术支持。同时，不同产业园的发展各有侧重点，美国夏威夷的海洋科技园主要从事海洋生物、海洋保护等领域的技术产品研发、相关市场的拓展等项目；密西西比河区域的海洋生物科技园主要从事海洋生物资源开发利用等项目。

从管理模式来看，美国发展海洋生物医药产业的重点管理模式是官、商、学相结合共同管理。他们之间共同组成董事会，但组成的董事会或者理事会不包括政府在内，通过招募专业管理团队对园区的物业方面进行管理，对场地的租赁和孵化服务也是采取高层次企业化的科学管理运作方式。政府在其中起到宏观调节和策划的作用，并通过投入资金的财政行为参与建设，体现了官、商、学共同管理模式的要点是保障。这种官、商、学协同合作的模式让政府能有规划地同大学和企业相衔接，合作商定研究园的发展方向，为提高科技经济水平起到重要影响。

比如新泽西州有全美实力较强的健康医药产业，是纽约湾区东部地区的代表，以发展较为成熟的制药企业和医疗器械企业为主，超过 100 家世界 500 强企业在米德尔萨克斯郡设立工厂或各类型分支机构，其中新布伦斯维克被称为“健康城市”。在龙头企业的带领下，催生出大批产业配套型中小企业，围绕健康、医疗发展起来的第三产业发达，同时拥有雄厚的科研创新实力——罗格斯大学正好位于美国 1 号公路“高科技走廊”的北端，这条走廊的南端则是普林斯顿大学，其串起的高校和科研机构在多个领域具备领先水平。这种合作模式有两方面优点：一是充分发挥了政府的作用，弥补企业后续发展中后劲不足的短板；二是避免政府在建设中实行太多干涉，大大提高科研机构和企业的动力。在有关发展海洋生物科研的策略上，美国主要以人才的培养与储备为重点。美国制定了许多有利于产业发展的规划政策，达到促进了产业创新能力大大提升的目的。

4. 加强多渠道政策资金保障

美国联邦政府多渠道的资金扶持在海洋生物医药产业发展初期起了重要的推动作用。具体实施包括政策引导、政府经费、激励机制及科研基金等保障措施。

第一，政策引导方面。美国以政府前期部署为基础，持续创新，大力发展海洋生物医药产业，制定实施一系列的政策。从 1972 年美国颁布实施《海岸带管理法》，到之后的《海洋保护、研究和自然保护法》《2000 海洋法令》《美国国家创新战略》《21 世纪国家海洋政策》等法律法规，有效地促进海洋生物产业的发展。其中，《2000 海洋法令》提出海洋信托基金的构想，用基金方式实现海洋生物产业的发展，为其提供发展资金来源。美国国家科技委员会（NSTC）2007 年发布战略文件《为美国下一个十年的海洋科技寻求方向——海洋研究重点领域规划与执行战略》，强调重点发展对海洋生物制品的勘探、评估和研发，为海洋生物医药创新生态系统奠定创新政策环境基础。其后，美国制定《21 世纪国家海洋政策》，希望避免发展海洋经济时对海洋生态环境产生的消极影响，要求避免过度开发现象产生，把对海洋生物资源的使用控制在一定范围之内，谋求长远利益。

第二，政府经费方面。从 1956 年开始，美国政府便拿出大量的资金用于科研机构的探索性研究、实验项目和创新活动。在其后发展过程中，上述资金规模不断扩大。2014 年美国在研发方面投入额度达 4650 亿美元，占 GDP 总量的 2.8%。其中，国立卫生研究院（NIH）研究基金近每年资助的研发费用都在 300 亿美元以上，采取竞争性申请、政府无偿支付的方式支持生物科学的基础研究，涵盖领域广泛。企业可以直接申请 NIH 的基础研究基金，也可以与大学及研究机构联合申请，以是否有市场前景为标准之一，可获得 10 万～75 万美元的资金开展研发项目。上述措施对于中小型海洋生物医药企业的创新研发具有重要意义。

第三，激励机制方面。美国创新药物研发阶段的激励政策主要为财税手段，最典型的就是美国政府出台于 1981 年的经济复兴税法案的抵税政策（tax credit）。上述政策规定企业用于 R&D 的投资得到信用得分用于抵销企业收入税，旨在通过减少企业的税后开支鼓励企业进行研发活动的投资。此外净亏损抵税政策（net operating loss credits）规定企业凭借年度净亏损取得的信用积分可以抵销收入税，用以保障海洋生物科技型企业在创业初期缺少盈利的风险。科研基金方面，联邦政府、州政府以科学技术基金、烟草基金、种子基金等形式支持科研创新机构的基础研究。

5. 完善社会投融资体系建设

（1）构建多元化融资渠道。美国海洋生物医药企业的融资渠道多样，有专门的政府部门和政策性金融机构提供融资服务。融资服务体系分为信用担保体系、小企业资金支持体系、信息管理体系、小企业市场拓展体系、创业投资市场，以及资本市场。政府拨款或资助、大公司自身出资、私立基金会、风险资本、股票募股、债务市场、期权融资、内部融资、专利授权融资、政府/国际组织—企业合作（PPP 模式）、R&D 的跨国直接投资（FDI）、建立战略合作关系来筹集海洋新药研发资金等，这些资金为美国海洋生物医药产业提供了发展动力。

（2）完善风险资本产业建设。美国是风险投资业兴起最早也是发展最成熟的国家，投资于医药科技的风险资本总额占全部风险资本投资的 1/3 左右。上述风险资本对海洋生物医药企业技术的研发起了巨大的作用。风险资本的参与对早期的海洋新药研发项目至关重要，比如美国安进生物制药公司，公司首任 CEO 通过风险投资商获得了 1900 万美元风投资金，以此作为公司成立的启动资金；随后，通过在美国纳斯达克证券市场（NASDAQ）上市及采用项目成功融资达 4300 万美元，用以支撑企业创立初期的高额研发投入，极大地促进了企业的创新，发展成为目前全球最大的生物制药公司之一。

6. 注重专利建设

美国创新研发中的基础研究向应用研究过渡的重要途径是专利技术转让。推动科研成果转化的强大动力是私人部门享有联邦资助科研成果的专利权，使美国大学、科研机构与产业界、风险投资商保持合作创业的积极性，由此使美国在全球竞争中能够继续维持其技术优势。这一机制的形成得益于一系列放权政策。尤其是 1980 年通过的《大学和小企业专利程序法案》，即《拜杜法案》，允许研究者对政府资助所得的研发成果拥有知识产权而非无偿上交政府，合理的制度安排落实了排他性特许经营保护鼓励措施，通过专利许可政策将知识产权资本化，完善了研究者与产业界的技术转让机制。

创新专利技术转让模式极大地推动海洋生物医药产业的基础研究成果向应用研究转化，为政府资助研发成果的商业运用提供了有效的制度激励。比如芝加哥大学的尤金·戈德瓦瑟（Eugene Goldwasser）教授通过专利技术转让制度，将一个可能有促红细胞生成素 EPO 早期科研成果转让给美国安进生物制药公司，获取了其上市之后支付 1% 的专利使用费。该成果在 1989 年通过 FDA 审批后，成为美国安进生物制药公司第一个自主创新研发并获得高额利润的重量级药物。此外，专利许可政策适用于中小型海洋生物创新制药企业的资金筹集。专利持有者可一次性或按阶段获得使用方在海洋制品产品上市后按一定比例支付专利使用费，以实现筹资和知识产权保护的目的。

二、日本发展经验

（一）日本海洋生物医药产业概况

日本是位于太平洋西北沿岸海域上的群岛国家，面积 37.8 万平方千米，人口约 1.27 亿，是地狭人稠的国家。从海洋资源来看，日本是世界上海岸最长的国家之一，全国海岸线总长约 27000 千米。同时，日本位于寒暖流交汇地区，其海洋资源十分丰富。由于良好的资源条件与产业发展基础，海洋经济产业在日本国民经济中占有重要地位。在此过程中，日本海洋生物医药产业同样得到快速发展，在世界范围内影响较大，同时已经形成具有竞争优势的产业集群。

（二）日本海洋生物医药产业集聚发展经验

1. 重视成果产业化

日本在海洋生物医药产业发展过程中，重视技术创新和技术成果产业化。在此过程中，主要通过建立完善的技术创新制度和加大经费投入来实现。1988 年日本建立了海洋生物技术研究所，用以推动技术研发与技术转化。同时，在技术研发开展过程中不断加大经费投入。日本海洋科学和技术中心以及日本海洋生物技术研究院每年用于海洋药物开发研究的经费已超过 1 亿美元。通过上述措施的采用，日本的海洋生物医药研究不断取得重要进展。如成功研制出阿糖腺苷、泊仁妥西布凡多汀——Adcetris、皂甙毒素 HolotoxinA、B 和海洋生物酶等。日本海洋生物医药产业同样重视技术的转化，实行关键技术突破的同时加强成果产业化，并取得较大商业价值。早在 2000 年日本在海产品良种培育、海洋药物和海洋生物提炼方面创造的产值已高达 150 亿美元，在研发技术产业化方面处于领先地位。

2. 完善相关服务体系

日本海洋生物医药产业链发展较为完善，产业布局相对合理，同时形成了良好的保障服务体系。从日本海洋生物产业地区布局情况来看，主要分布在关东广域地区、近畿区等地区。上述海洋产业生物医药产业集群地区均形成了完善的配套服务产业体系，如财政资金的支持、研发机构的支持、中间机构的支持和基础设施服务等。海洋生物医药产业集群发展在上述服务体系支持下得到了快速发展。如日本的海洋产业园区聚集着高校和高水平科研机构，产学研一体化发展，通过相关的服务体系提高了日本海洋科研成果的转换率。同时，日本非常重视对外的技术合作与交流，与美国、墨西哥、马来西亚、中国台湾等地进行技术的交流与学习，促进了日本海洋产业科学技术进步，推动产业集群快速发展。

3. 完善海洋生物产业政策

日本政府在海洋生物产业方面制定了一系列的产业政策，促进了海洋生物产业的发展。日本政策性融资中，对海洋生物产业的信贷投入不断加大，将信贷结构不断调整，将其调整为更有利于海洋生物产业发展的方向。其中一项优惠政策是享受 14% ~20% 的税收优惠政策，前提条件是投资发展与海洋生物产业相关的基础设施建设；在税收方面对海洋科技研发费的部分还进行一定免税，刺激海洋科技的创新。此外，日本已经形成了相对完善的法律体系，包括《海洋基本法》《海岸法》等 13 部法律，为海洋生物产业发展提供了政策保障。

4. 优化海洋生物产业空间布局

日本海洋生物产业在发展过程中，形成关东广域地区集群、近畿地区集群等海洋产业集群。上述海洋产业集群主要受到政策影响而发展壮大，同时主要布局在大型港口城市，充分利用港口城市的交通、资源等各种条件，促进产业发展。从产业发展思路来看，日本提出开发“海洋开发区都市区”“知识集群创成事业”构想，希望通过海洋相关技术，在不同地方发展不同特色的海洋生物产业。同时，日本在产业空间布局过程中加强产业发展规划与设计，利用《21 世纪海洋政策》等相关政策规定来保障实施。

5. 加强海洋资源环境保护

日本通过加大对海洋资源环境保护的力度，为海洋生物医药产业的可持续发展提供保障。从区域范围上讲，日本对海洋环境的保护最初从近海海域逐步扩大到远海海域；从海洋生物种类上讲，逐步扩大保护的海洋生物种类，实现海洋生物资源开发与保护的和谐。同时，对于海洋生态环境的监测不断强化，实时监测和监控各种海洋生态指标，实现海洋生物资源良好发展的目标。

三、其他国家发展经验

欧美是最先开始研究海洋生物医药的地区之一。其中，英国、加拿大、西班牙等国家在海洋生物资源的科研开发上一直处于世界上领先的地位。上述国家在推动产业信息资源共享方面做了大量有效工作，同时部分龙头企业则联合国家资源优势，通过推进大型项目发展来促进产业集聚发展。

（一）英国海洋生物医药产业集聚发展经验

英国属于海洋强国，同时也是海洋生物医药产业发展的主要国家。英国在该产业发展过程中，主要通过海洋生物医药科技产业园建设来推动集聚发展。其中成果最为显著的是欧洲海洋生物技术中心产业园。该产业园成立于 2004 年，是新兴海洋生物公司的孵化场所。园区内的代表性企业有专注于生物活性的提取和创新性生产系统的 Aquapharm Bio-discovery 公司、致力于提取海洋无脊椎动物糖的 GlycoMar 公司和注重专利建设的 Molecular Tools Europe 公司等。该园区通过政府宣传，建立强有力的品牌和沟通战略，提升形象和知名度；园区内海洋生物企业与科研实验室项目注重加强国际合作；园区运营形成技术转移的有效路径，形成有利于海洋生物医药产业创新生态系统资源协调、优势互补、产权保护、互动高效的利益分配的机制。

（二）加拿大海洋生物医药产业集聚发展经验

加拿大海洋生物医药产业发展较好，同时强调合作网络的作用。加拿大通过产业园、中介机构、服务种群等组织形成开放共赢的创新群落，实现海洋生物产业的协同发展。在加拿大海洋生物医药产业的发展中，创新依托机构（Innovation-support Organizations）等中介服务机构在加拿大海洋生物医药产业的发展中发挥了重要作用。此类服务种群以政策环境作为支撑，通过知识型基础设施建设，加快海洋生物医药整个产业链的聚集。如2001年在魁北克地区成立的海洋创新组织产业园，建立涵盖魁北克海洋协会、大学、加拿大渔业及海洋部、融资机构、海洋生物科研协会的创新网络，形成区域性的知识技术中心，共同创建针对海洋生物产业的“孵化器”，成为区域最为重要的创新依托机构，助力于海洋生物技术公司攻克知识技术难题。迄今为止已完成超过100项的研发实施项目，有力推动了加拿大海洋生物医药产业的创新发展。

（三）西班牙海洋生物医药产业集聚发展经验

西班牙属于海洋生物医药强国，在抗肿瘤海洋医药研发上具有较强技术优势。其标志性海洋生物医药研究成果是曲贝替定，属于从加勒比海被囊动物提取的四氢异喹啉类化合物，目前已经被FDA批准为二线药物用于治疗软组织肉瘤和卵巢癌。目前，围绕着曲贝替定申请系列专利并拥有该药物专利权的主体是西班牙的海洋药物企业巨头PharmaMar公司。曲贝替定被伊利诺伊大学提取分离和研究发现具有抗肿瘤活性成分后，一直致力于海洋生物医药研发的PharmaMar公司凭借着对海洋药物功效的敏感性而加强与伊利诺伊大学合作，通过产学研合作来取得伊利诺伊大学对该药物专利授权，并在此基础上与哥伦比亚大学和哈佛大学合作，将研发领域延伸到知识链上游的基础研究环节，最终全面掌握曲贝替定的药物合成方法和商业化制备方法，发挥了在全球海洋抗肿瘤药物研发领域的引领作用。

第二节　海洋生物医药产业集聚发展的国内经验

国内海洋生物医药产业同样得到巨大进展。近年来随着国家重视程度不断提升，各地区在产业发展规划、产业政策扶持、产业技术研发等方面加大投入，取得良好成果。在此过程中，包括山东省、广西壮族自治区、福建省在内的诸多海洋大省，积极推进海洋生物医药产业集聚发展，取得丰富经验。通过深入分析上述地区的成功经验，有助于更好推动广东省海洋生物医药产业集聚发展。

一、山东省发展经验

（一）山东省海洋生物医药产业概况

山东省是海洋大省，毗邻渤海和黄海，海岸线长达 3121.9 千米，区位条件优越，海洋生物资源处于全国前列。海洋生物医药、海水淡化与综合利用等新兴产业规模居全国首位。山东省海洋生物医药产业起步早，经济总量大，拥有海洋生物医药企业上百家，其海洋生物医药产业增速每年达到 30%。近年来山东省“透明海洋”“蓝色药库”等重大工程顺利实施，国家级海洋牧场示范区达到 44 处，占全国的 40%，新增海洋工程技术协同创新中心 63 家，全省海洋生产总值增长 9% 左右，经略海洋迈出新步伐，海洋生物产业在山东省得到了快速发展。从产业研发情况来看，全球 14 款海洋新药中，有两款是山东省中国工程院院士管华诗团队研发。一个是 1985 年研制的全球第五个、全国第一个现代海洋药物——藻酸双酯钠，另一个是 2019 年研制的阿尔茨海默症新药九期（甘露特钠胶囊）。

（二）山东省海洋生物医药产业集聚发展情况

山东省海洋生物医药产业形成较为明显的集聚发展趋势。山东现已初步形成以青岛、烟台、威海为核心的海洋药物产业聚集地。其中，山东省青岛市建立以海洋创新药物、海洋生物医用材料、海洋功能食品、海洋生物农用制品为主的产业体系，构建药源海洋生物种质资源库、海洋天然化合物库和全球首个海洋糖库，形成崂山国家生物产业基地核心区、高新区蓝色生物医药产业园、黄岛区海洋生物产业园等三个特色产业园区。

（三）山东省海洋生物医药产业集聚发展的经验

1. 政府政策大力支持

山东省海洋生物医药产业集聚发展过程中重视政策支持与引导作用。2011 年以来，山东省委、省政府初步圈定了蓝色经济区重点发展的八大现代海洋产业，其中重点是发展海洋生物产业。在后期发展过程中，逐渐明确地区产业发展思路，包括建设我国唯一一个以海洋生物产业为特色的国建生物产业基地——崂山生物产业园；打造“中国蓝色硅谷”的发展战略，由山东青岛于 2011 年率先在国内提出，国内第一支蓝色经济基金，将出资 100 亿元设立，目的是引进和开工建设大项目。

2. 发挥产业园区集聚推动作用

山东省海洋生物医药集聚发展过程中主要依托产业园区推进产业集聚。其中，青岛蓝色生物医药产业园为国家级特色产业基地，是青岛市生物医药产业的主要聚集区。该园区累计引进山东大学中美创新国际产业园、山东中医药大学青岛中医药科学院、黄海制药、奥克生物、惠尔彩超等生物制药、精准医疗和医疗器械相关领域的项目 110 余个，总投资 140 亿元，引进“千人计划”专家 10 人。培育了以兰太药业、海尔药业、绿叶药业、华仁药业、明月海藻、国风药业、三九药业、达因药业、九龙生物等为代表的海洋药物骨干企业，青岛明月海藻、烟台东方海洋、正大海尔制药等海洋生物企业不断诞生，以贝尔特、澳海等为代表的海洋功能食品生产企业和以中皓生物、博益特等为代表的创新特色鲜明的中小型海洋新材料生产企业不断开拓市场。

3. 提升海洋经济科技研发能力

山东作为全国最早开展海洋药物研发的地区，海洋生物医药产业发展较好，在海洋药用生物资源、海洋药物及其功能制品研发方面处于全国领先地位，具有丰富的海洋生物资源，同时经济产业基础好，具有良好的海洋产业基础和相应的海洋科技力量。山东省拥有约占全国 60% 的海洋科研机构，例如国家海洋局第一研究所、中科院海洋研究所、中国海洋大学等，占全国一半以上的海洋科技人员都在山东。

4. 构建完整产业链体系

山东省海洋生物医药产业形成较完善的产业体系。产业体系通过技术创新促进海洋生物医药产业集群发展，扩大海洋生物医药产品开发领域，包括海洋功能食品和基因工程等。同时，扩大产业集群的产业链，发挥核心区域的辐射作用，吸引人才、技术、资金、企业等投入海洋生物医药产业集群建设中，提高产业层次。其中，青岛市是山东海洋生物医药产业集群发展的核心城市，拥有着众多龙头企业和海洋生物医药产业带，海洋生物医药产业集群已经初步形成。

5. 加强产学研合作

山东省重视科学技术对产业集群发展的贡献性，通过加强产学研的合作推动技术创新。早在 20 世纪 80 年代山东省就依靠当地的高等院校和科研院所将海洋医药经济的发展列入地方主要经济发展规划中，并逐步着手实施，而后又确立了海洋药物产业在该省蓝色经济发展中的重要支柱产业地位，并出台了一系列措施扶持海洋生物医药业的发展。2016 年，管华诗倡议并发起实施中国“蓝色药库”开发计划。该计划聚焦“蓝色药库”开发的重大科学问题，针对严重危害人类健康的重大疾病，系统培育、聚集开发、创新研制一批重大海洋药物，并同步建成以“蓝色药库”资源实体库和大数据库为核心的国际首个海洋药物信息系统等重点任务，展开多学科、多主体、多目标的协同研究。2018 年青岛海洋生物医药研究院和青岛高创科技资本运营有限公司共同发起组建首支“中国蓝色药库开发基金”，总规模 50 亿元，用以促进海洋生物医药科技成果落地转化。较好的产学研合作机制，将技术更好地应用到实际生产中，合作平台的构建也为技术的共享提供了有力的保障，推动了山东省海洋生物医药产业集群内部的技术进步。

6. 加强产业优势整合

山东省海洋生物医药产业发展过程中强调整合产业优势来推动集聚发展。一方面，山东省通过构建产业联盟与产业协会来整合优势资源。其中，山东半岛蓝色经济区海洋生物产业联盟于 2014 年成立，着重进行资源的整合、协同创新，推进全行业发展。另一方面，山东省通过推动企业转型来整合优势资源。在此过程中，海洋生物企业注重科技转型，海洋生物企业的发展维度及结构方式即时变化，由横向发展模式向纵深发展模式转变，更加注重科技研发、产业结构的丰富。上述变化在青岛市体现得尤为突出。青岛市海洋生物医药产业发展由横向扩张式发展变成纵向科技型转型，青岛市成立了青岛海洋生物医药研究院，从增速产量转为深化科研。在此情况下，优势资源的整合提高了协同创新水平，为企业打造一条动力十足的全产业链。

二、广西壮族自治区发展经验

（一）广西壮族自治区海洋生物医药产业概况

广西壮族自治区具有良好的海洋资源条件。该区海岸线长达 1628. 59 千米，所濒临的北部湾海域面积约 12. 93 万平方千米。全海区共栖息着鱼类 500 余种、虾类 200 余种、头足类近 50 种、浮游动物 394 种、浮游植物 362 种、藻类 104 种，其中鲎、海蛇、海参、牡蛎等尤为著名。在海洋药用植物方面，广西拥有兼具改善生态环境和药用价值的沿海滩涂红树林。

广西壮族自治区海洋生物医药产业得到良好的发展。20 世纪 80 年代初广西地区便已经开始发展海洋生物制药及保健品产业。在其后发展过程中，海洋生物医药产业逐渐成为该地区重要产业。该地区海洋生物医药产业发展充分利用北部湾区域丰富的海洋资源，提取高价值海洋生物活性物质，开发以珍珠、中华鲎、海蛇、海马、海龙、海星为原料的多糖、蛋白质、氨基酸、酯类、生物碱类、萜类和甾醇类等海洋药物，推动海洋药物规模化、产业化发展。2017 年广西海洋生产总值 1394 亿元，同比增长 11. 4%，赶超全国 7. 4% 的年均增速。其中，海洋生物医药产业发展较快，全年实现增加值为 2 亿元，潜力巨大。广西共有海洋生物、药品、保健品及化妆品企业 40 余家，从业人员超过 4000 人，覆盖多种类型公司和产品，且规模不断扩大；从公司性质来看，包含上市公司、中外合资企业和内资企业等；从产品类别来看，包括生物制药、生物制品、保健品和化妆品等；从利用资源类别来看，包括贝类、藻类、海洋鱼类等；从分布地区来看，大部分企业集中在北海和钦州。

（二）广西壮族自治区海洋生物医药产业集聚发展的经验

1. 重视产业规模效应发挥

一方面，利用龙头企业带动产业规模发展。广西海洋生物医药产业企业数量相对较少，但也形成部分龙头企业。在龙头企业的带动下发挥出一定的规模效应。广西有超过 60 家公司和超过 450 家的个体户从事珍珠及其制品销售工作，产品涵盖了以珍珠为原料的珍珠首饰、美容护肤品、药品、保健品 580 多种，年交易额超过 8 亿元。目前，全区已经形成了以北海市铁山港区和防城港市防城区为重点的珍珠主产区，培育珍珠养殖场近 2000 个，养殖面积近 6 万亩，年产珍珠能力可达 11 吨（正常年份产量 8 吨左右）。

另一方面，通过优势特色产品带动产业规模发展。广西利用海洋药用生物生产的医药产品和保健品主要有珍珠滴眼液、珍珠末、珍珠胶囊、珍珠免疫与代谢调控因子、珍珠牛磺酸、南珠海参膏、鲎试剂、壳聚糖、甲壳素、几丁聚糖螺旋藻、氨基葡萄盐酸盐、海洋农药 OS－施特灵、海藻氨基酸叶面肥等，其中甲壳素、鲎试剂、海藻氨基酸叶面肥、珍珠免疫与代谢调控因子、珍珠牛磺酸等海洋生物药品和保健品的产品开发技术处于国内领先水平。从具体的产品来看，部分带有地方特色的产品已经走在全国的前列。如北海市螺旋藻养殖面积达 50 多公顷，占全国养殖面积的 5%，生产螺旋藻干藻粉 1000 多吨，占全国总量 8% 以上，螺旋藻深加工产品——干藻粉、螺旋藻含片等，不仅各项指标均符合国家相关标准，而且还以营养成分含量高、不污染著称，“绿仙”牌螺旋藻还荣登 2012 年中国螺旋藻十大品牌排行榜。北海国发海洋生物产业股份有限公司以生产珍珠明目滴眼液、珍珠层粉、珍珠末、复方苦木消炎片、珍珠灵片等产品为主，是全国唯一一家从事海水珍珠贝类（合浦南珠）、藻类、甲壳类等特色生物资源综合开发、加工的上市公司，也是由清华大学、中科院海洋研究所、农业农村部规划设计研究院等大专院所参股、合作的，是全国唯一一家从事海水珍珠贝类（合浦南珠）、藻类、甲壳类等特色生物资源综合开发、加工的沪市 A 股上市公司。北海蓝海洋生物药业有限责任公司利用现代生物工程技术开发鱼肝油乳、罗汉果鱼油及维生素 AD 滴剂等鱼肝油系列产品，年生产鱼肝油 3000 多吨，其产品远销东盟各国及全国各地。

2. 加强技术研发

一方面，注重加强针对性产品开发。具体来看，重点开发抗肿瘤、抗氧化、抗病毒、免疫调节及改善糖脂代谢、心脑血管、神经系统等海洋创新药物、生物药品和海洋现代中药；大力发展药用辅料级、创面敷料级、体内植入级褐藻胶、壳聚糖、透明质酸和胶原蛋白，重点开发止血材料、创伤修复材料、组织工程材料和药物缓控释材料等海洋生物医用材料；加快发展海洋功能食品，重点开发有辅助降血糖、降血脂、降血压、增强免疫力、增加骨密度、预防心脑血管疾病、保护肝损伤、抗氧化、减肥等功能保健食品；利用海洋植物、动物、矿物质等生物质资源，筛选提取具有显著促进皮肤生长、延缓细胞衰老、活化细胞等天然细胞因子，重点开发特殊功能化妆品。

另一方面，重视自主性技术研发。广西海洋生物医药企业在海洋医药自主研发方面取得良好成绩，包括北海国发、北海蓝和北海兴龙在内的多个企业都在基础研发方面取得重大进步。如北海国发海洋生物产业股份有限公司制药厂自主创新开发了具有国内先进技术水平的"珍珠水解液复合动物蛋白酶法工艺技术"，并利用该技术自主开发了"海宝"牌"珍珠明目滴眼液"；北海蓝海洋生物药业有限责任公司研发中心以北海珍珠副产品为原料，自主研发生产珍母口服液和珍母胶囊，用于治疗妇科疾病，并且以珍珠贝壳为主要原料研发生产消朦胶囊，用于治疗白内障；北海兴龙生物制品有限公司在特异性鲎试剂研究开发方面掌握较成熟的生产技术。

3. 加强原材料针对性开发

广西海洋生物医药产业在发展过程中重视海洋生物药源的针对性开发。第一，大力发展合浦珍珠（珍珠、珍珠母）、近江牡蛎（牡蛎）、文蛤（蛤壳）、乌贼（海螵蛸）、杂色鲍（石决明）、毛蚶（瓦楞子）、章鱼等传统海洋中药的大宗优势品种，采用现代技术提取其中的氨基酸、多糖、牡蛎磺酸等多种生物活性成分，研制开发具有免疫调节、辅助降糖、保护肝损伤等多种保健作用的系列功能食品，建立一套完整的精深加工与高效利用的技术体系。第二，加大力度支持海龙、海马、海参等传统名贵海洋中药及海蛇、中华鲎等珍稀海洋药用生物的繁育养殖及合理开发利用。第三，利用广西丰富的红树林资源及海岸带海洋药用植物资源，大力发展海洋植物中药，重点支持白骨壤、老鼠簕、苦郎树、秋茄、红海榄、桐花、二叶红薯，海藻等的开发研究。马尾藻广泛分布于广西沿海及涠洲岛一带，从20世纪60年代开始被广泛应用在提取甘露醇的试验中，是广西藻类资源药物利用的典型代表。另一类利用率较高的藻类——螺旋藻，具有极高医疗保健价值，从中提取的产品是首批通过国家卫生部检测、获得国家保健食品批文的纯天然和全营养保健食品，已成功打入东亚和西亚国家销售市场。第四，充分利用广西广阔的滩涂资源，进行海洋微生物研究，发现新的活性化合物，为利用现代生物技术研发新药提供先导化合物。第五，利用虾、蟹、蛤等大宗或特色的海洋生物海产品加工业的废弃物提取医药化工原料、开发医药保健产品。

4. 重视科研平台与科研机构发展

经过多年的努力，广西各大院校建立一批与海洋生物制药相关的自治区级重点实验室，为海洋生物制药产业的快速发展奠定了一定基础。如以广西师范大学为依托的广西药用资源化学与药物分子工程重点实验室；以广西中医药大学为依托的广西中药药效研究重点实验室；以广西科学院、广西大学为依托的广西生物炼制重点实验室；以广西海洋研究所为依托的广西海洋生物技术重点实验室；以广西药用植物园为依托的广西药用资源保护与遗传改良重点实验室；以广西中医药研究院为依托的广西中药质量标准研究重点实验室；以广西医科大学为依托的广西生物靶向诊治研究重点实验室等。

除上述省级重点实验室外，20 世纪 90 年代中期建有“广西海洋生物工程中心”“全国科技兴海技术转移广西中心”。近 20 年来，中科院海洋研究所、清华大学、广西医科大学、广西区人民医院、北海珍珠公司、北海国发股份有限公司等国内外的科研院所及相关企业也相继开展了海洋生物医药的研究，取得了包括鲎试剂、珍珠精母注射液、珍珠明目滴眼液、海藻碘晶、海藻素降糖脂药物、免疫生长调节剂等一批以海洋药用生物为原料的健康产品。

5. 推进产学研融合

广西海洋生物医药产业已基本形成了以广西中医药大学海洋药物研究院、广西海洋生物技术重点实验室、广西大学海洋学院为核心的重点研究团队与关键技术支撑。其中，广西中医药大学海洋药物研究院以传统海洋中药和海洋创新药物的研究与开发为研究主线，不仅拥有广西海洋传统药物研究领军人才库，还出版了广西首本海洋药物专著《广西海洋药物》。广西海洋生物技术重点实验室依托自治区海洋研究所，重点开展以亚热带海洋生物资源利用为特色的海洋生物繁育与选育、海水健康养殖、海洋生物活性物质研究。广西海洋和渔业部门通过充分激活海洋生物制药龙头企业的能量，打通“发现—技术—工程—产业”这条成果转化的链条。

三、福建省发展经验

（一）福建省海洋生物医药产业概况

福建省是海洋大省，海洋生物资源丰富，海洋科技实力较强，具备发展海洋生物医药产业的良好条件。通过多年的发展，福建省逐步形成以市场为导向、以企业为成果转化主体、以高校和科研院所为技术支撑和依托、以其他社会资源为补充的技术创新格局，海洋生物医药产业发展前景良好。福建大力推动科技创新和项目带动战略的实施，在系列政策推动下，充分利用国家海洋科技公益性专项、国家海洋经济发展创新示范专项和省级海洋经济发展专项资金，积极推动海洋生物医药产业发展。统计数据表明，2017 年福建省海洋生物医药产值已达 150 亿元，增加值约 50 亿元；初步形成以厦门海沧生物医药港、诏安金都海洋生物产业园和石狮海洋生物科技园等为代表的产业聚集区。

（二）福建省海洋生物医药产业集聚发展经验

1. 重视科研力量的培育

福建省海洋生物医药产业发展重视科研力量与科研技术的发展。福建省拥有国家海洋局第三海洋研究所、厦门大学生物医学工程研究中心、福州大学生物和医药技术研究院、福建师大微生物工程研究中心、省微生物研究所等一批生物医药研发机构和平台。目前福建省形成了以厦门海沧生物医药港、诏安金都海洋生物产业园、石狮市海洋生物科技园等为代表的一批产业聚集园区，培育了国药控股星鲨制药（厦门）有限公司、厦门蓝湾科技、福州新北、石狮华宝、润科生物、汇盛生物、绿新集团等科技含量高、发展潜力大的现代海洋生物医药与制品行业龙头企业 80 多家企业，开发了星鲨鱼油、蓝力宝深海鱼油、“蓝湾”硫酸铵葡萄糖、微藻 DHA、琼胶、海洋抗菌肽、海洋生物酶、鲎试剂、珍珠粉、海珠喘息定等一批在国内享有一定知名度的新产品。

2. 以创新联盟引领产业发展

福建省海洋生物医药产业发展采用创新联盟引领产业发展的模式。在此过程中，主要依托“福建省海洋生物医药产业创新联盟”来实现。该联盟是由福建省海洋与渔业厅牵头，国家海洋局第三海洋研究所、福建省海洋经济运行监测与评估中心（6·18 海洋协同创新院）、福建省水产研究所、厦门蓝湾科技有限公司、福建省海星生物科技有限公司、福建省东海海洋研究院联合发起成立的。联盟以坚持创新、合作、发展、共赢为原则，以国家和我省海洋生物医药产业发展战略和产业政策为引导，以企业为主体，以市场为导向，瞄准国际前沿水平，以产品高端化、企业集聚化、产业链条化、区域特色化为主线，有效激发市场主体活力，优化资源配置，推动强强联合，改善产业发展环境，促进产学研用全产业链融合，推动海洋生物医药技术进步和产业化，促进福建省海洋生物医药产业的持续健康发展。

3. 发挥龙头企业的带动作用

福建省海洋生物医药产业发展突出龙头企业的带动与引领作用。目前福建省拥有科技含量较高、自主创新能力较强的海洋医药和生物制品龙头企业 33 家，包括厦门金达威、厦门蓝湾、国药星鲨、石狮华宝、润科生物和福建绿新等；鲎试剂、胶原蛋白肽、微藻 DHA、海洋抗菌肽和海洋生物酶等一批具有自主知识产权的原创性成果在全国具有较强的影响力。其中，厦门金达威集团股份有限公司开发的辅酶 Q10 占据全球市场约 50% 的份额；厦门蓝湾科技有限公司的高纯度“硫酸氨基葡萄糖”产品技术国际领先，获得国家 4 部委联合授予的“国家重点新产品”称号，并获得国家保健食品批文，现已达到超过 100 吨的年产规模。

4. 强化产业发展平台合理定位

福建省拥有 2 个国家级科技兴海产业示范基地，即诏安金都海洋生物产业园和厦门海洋生物产业示范基地。前者定位为以发展海洋生物产业为主导的高科技产业园，海洋生物医药和材料是其发展的重点领域之一，规划建设中的“海洋生物产业研发中心”将分设成果转化、新药研发、创新型医药中试、开放式实验室和博士后工作站 5 个中心；后者以厦门生物医药港为基础，以体制机制创新、成果转化、园区建设和示范辐射为主线，目标是建设成为全国海洋生物产业发展先导区和海峡两岸海洋生物产业合作示范区。此外，福建省还有一批省、市级海洋生物产业园区，包括福鼎（闽威）海洋生物科技产业园、福清海洋生物高技术产业园、平潭海洋生物产业园、莆田中海源海洋生物产业园、石狮海洋生物高科技产业园和东山海洋生物科技园等。产业园区建设为福建省发展海洋生物医药产业起到“筑巢引凤”的作用。

第三节　国内外经验总结

综合以上国家与地区海洋生物医药产业的发展经验，政策环境、科学研究与技术开发、开放共赢的创新群落、市场服务内核、多元化投融资体系以及各因素间实现创新循环是促进海洋生物医药产业集聚的重要途径（见图8－1）。重视基础研究、完善政产学研用合作体系、海洋生物产业链延伸、多元化融资渠道和构建高效的创新生态政策环境是促进海洋生物医药产业集聚区发展的主要经验。

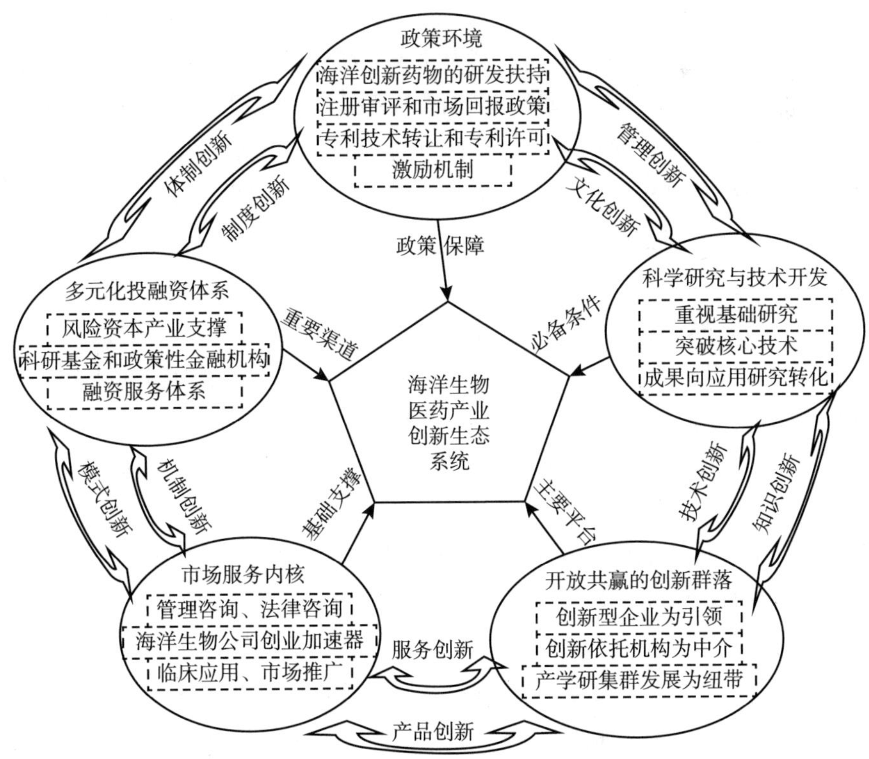

图8－1　国外海洋生物医药产业创新生态系统的发展经验

（一）重视基础研究

加强基础研究是发达国家或地区发展海洋生物医药产业的着力点。在海洋生物产业发展过程中，重视通过基础研究实现技术突破，实现知识创新、技术创新和产品创新。值得注意的是，由于基础性研究短时间内一般很难产生经济效益，由此导致企业关注度不够、积极性不强。在此情况下，政府部门往往选择加大对基础性研究的政策支持和资金扶持，由此推动整个海洋生物医药产业的可持续发展。从国内实践情况来看，广西地区海洋生物医药产业发展中，根据发展优势明确产品开发的重点方向，加大力度支持药源的针对性开发。

（二）完善“政产学研用”合作体系

海洋生物医药产业发展过程中同样需要重视“政产学研用”合作体系。海洋生物医药研发具有投资大、周期长等特点，包括美国、欧盟和日本等发达国家和地区均已形成了较为完善的海洋生物医药政产学研用一体化合作创新机制。“政产学研用”协同创新模式能够最大限度地整合社会资源，加强政府、行业、高校、研究机构、市场、用户等多部门合作。同时，在协同创新过程中，除了关注“产学研”体系建设外，同样重视发挥政府作用，密切结合市场、用户的需求。具体来看，上述合作体系存在如下具体特征。

第一，发挥政府作用。海洋生物医药业的发展离不开政府的大力支持。20 世纪 80 年代后期，美国、欧盟和日本相继加大了对海洋生物医药研发的大力支持。美国国家研究委员会（NRC）和国家癌症研究所（NCI）每年用于海洋药物的研究经费达 5000 多万美元，美国国家卫生研究院（NIH）的海洋药物研究费用也已占总份额超过 10%，与化学合成药等基本持平。日本的海洋生物技术研究院（JMBI）以及海洋科学和技术中心（JMSTC）也得到政府的大力推动，积极进行海洋药物的研究工作，为产业化打下重要的基础。政府主要通过颁布相关创新政策来为海洋生物医药产业的产学研合作创新实践营造良好外部环境，通过专项资金的注入和技术创新公共平台的搭建，促使涉海类大学、科研院所与企业相互之间建立起合作互动关系，同时出台相关政策鼓励金融机构和服务中介机构等社会组织为产学研合作提供必要支持与服务。通过政府政策引导下的“政产学研用”协同创新，为海洋生物医药产业资金、技术的共享提供了有力的保障（例如“中国蓝色硅谷”的发展战略和《广西生物医药产业跨越发展实施方案》）。

第二，建设产学研合作体系。除了上述的政府作用，有效的产学研合作体系同样是国内外海洋生物医药产业发展的推动力。值得注意的是，美国、欧盟、加拿大等海洋生物医药产业发展较好的国家或地区建设有多种形式的产学研合作模式，有效促进产业增值的关键是其海洋生物创新药物研究成果90%以上通过专利转让、技术转移等方式交由企业进行成果转化，具有市场经济实力及工程化能力的企业承担了市场经济能力要求高、投资风险大的关键一环，才最终构成了产学研合作完善的模式创新、机制创新，构建可持续发展体系。大学和科研院所（如伊利诺伊大学、美国国立卫生研究院海洋生物研究中心、山东“蓝色药库”开发计划）是集海洋科技创新资源、人才资源和知识资源为一体的“智慧高地”，是知识产生与发展的重要场所。

第三，重视市场及用户需求。美国国立卫生研究院海洋生物研究中心和西班牙 PharmaMar 公司所参与的产学研合作联盟等案例表明，涉海类企业、大学与科研院所等创新主体在政府、服务中介机构和金融机构的参与和协调下，以市场及用户需求为基本出发点，将能形成良好的互动模式和运行机制，相互交织与激发，实现了知识的产生、开发与商业化，推动海洋生物医药产业不断优化升级。从国内实践来看，福建省海洋生物医药产业创新联盟在运行过程中，相应主体如涉海类企业、金融机构、服务中介机构和其他组织，均紧紧围绕市场及用户需求从事技术开发与生产经营。同时将市场信息和技术问题反馈，涉海类大学与科研院所依照产业界的现实需求进一步完善不成熟的前沿技术，推动海洋新兴产业实现新一轮技术创新。知识产生、开发与商业化，知识商业化之后又对知识产生起到反馈和促进作用。在此过程中，以市场和用户需求为出发点的科研、生产、技术创新，实现了知识的产生、转移利用、价值实现和再创新双向循环过程，为海洋生物医药产业科技创新提供了明确方向。

（三）加强海洋生物医药产业链延伸

涉海类新兴企业有竞争或互补关系的同行企业及上下游企业，是推动海洋战略性新兴产业发展的重要力量。银行、风险投资公司、创新基金证券市场等金融机构，为海洋战略性新兴产业的科技创新提供充足的资金支持和分担创新失败风险；服务中介机构包括海洋战略性新兴产业领域的各种行业协会（或商会）、律师事务所、会计师事务所和创新服务中心等组织（比如青岛蓝色生物医药产业园引进了众多企业孵化器和创业创新培育基地），为海洋生物医药产业发展提供各种交流和咨询服务，在创新主体合作互动过程中扮演着桥梁和纽带角色。

（四）构建多元化融资渠道

海洋生物医药企业募集社会资金的重要渠道是多元化的融资方式，其中技术和专利资本化结合知识产权保护制度运用是研发期间筹资的有效渠道之一，风险资本的投入也是海洋生物医药企业成长期重要的资金来源，是创新药物得以获得高额市场回报的重要前提（比如山东“中国蓝色硅谷”的发展战略设立蓝色经济基金）。多元化投资渠道加以完善的中介服务种群是健全的成果产业化体系的依托，也是国内外海洋生物医药产业管理创新、服务创新和文化创新的重要经验。

（五）完善创新生态政策环境

海洋生物医药产业支撑政策构成包含研发激励政策、注册审批政策、融资激励政策和特殊审批政策等，服务于海洋生物药品创新研发的新化合物获取、药源研究开发、新药成果转化、市场应用与反馈四个核心环节。完善的海洋生物医药政策环境不仅在于单一制度的改革或建立，更在于建立作用于海洋生物药品全生命周期的创新政策环境，强化知识产权保护，充分发挥高校、科研机构、研发公司、政府、中介服务机构各创新主体的作用，最终形成高效、可持续的海洋生物医药创新循环。广东省也应当积极完善海洋生物医药产业的政策体系，加强科研合作，攻克技术瓶颈，扩展融资渠道，加强基础配套设施的建设，促进海洋生物医药产业集聚发展。

第九章　促进广东省海洋生物医药产业集聚发展的思路与对策

本章为推进广东省海洋生物医药产业集聚发展的思路与对策。首先，分析推动海洋生物医药产业集聚发展的指导思想、总体目标和重点方向。其次，提出相应完善对策，包括提升产业集聚程度、推动产业链条延伸、提高技术研发水平等。最后，分析产业集聚发展的保障措施，包括政策、人才、配套措施等。

第一节　广东省海洋生物医药产业集聚发展的战略思路

一、产业集聚发展的指导思想

紧紧把握全球科技革命和产业变革重大机遇，牢牢抓住国家和广东省大力发展海洋生物医药产业的大好时机，充分发挥广东的海洋资源优势和灵活的机制优势，通过制度建设和机制创新，大力优化创新创业环境，推动海洋生物医药产业领域新技术、新产品、新业态、新模式蓬勃发展。大力优化产业创新环境，建立以企业为主体、市场为导向、资金密集型、技术密集型为特征的现代化海洋生物医药产业发展体系。通过完善海洋生物医药产业要素体系、提供优质高效的行政服务，以科技资源带动各种涉海生产要素和创新资源集聚，吸引大批海内外具有竞争力的海洋生物知名大企业大集团落户，培育壮大一批海洋生物行业龙头企业，吸引集聚一批，辐射带动一批海洋生物创新型中小企业、高新技术企业和配套企业，研究开发一批具有自主知识产权的关键技术和创新产品，逐步形成发展完善的产业链，促进广东海洋生物医药产业集聚区建成创新型产业集群，打造功能齐全、辐射力强并具有重要国际影响的海洋生物医药产业集聚区，把海洋生物医药产业集群打造成国际化水平的海洋生物医药创新产业集群和国家级国内领先型海洋生物医药产业集群。

第一，坚持创新驱动。积极构建海洋生物医药产业科技体系，提高科技创新在产业发展中的贡献率。通过资金投入等激励机制扩大对高端专业人才的引进，提高产业自主创新和集成创新的能力。提升产业的市场竞争力，积极培育广东海洋生物医药产业发展的创新体制机制。

第二，坚持协调发展。要做好广东与其他沿海区域海洋生物医药产业整体规划的发展。在自身发展的同时，要结合各海洋地域的产业发展状况，形成优势互补，促进协调发展，实现广东海洋生物医药产业优化升级。

第三，坚持可持续发展。要正确处理海洋生物资源开发与保护的关系，促进海洋生物资源与环境的循环利用，走产业可持续性发展道路。坚持经济发展与资源、环境保护并举，保障广东海洋生物医药产业的可持续发展。广东海洋生物资源开发与保护应和广东同期经济发展目标、战略重点、方针政策等方面相互协调，要从智力开发和物质条件两个方面切实保证资源的开采利用和保护的顺利进行。

二、产业集聚发展的总体目标

在广东省海洋生物医药产业发展过程中，应该以创新、壮大、引领为核心，紧密结合“海洋强国”战略实施，坚持走高质量发展道路。建立比较完善的区域创新体系，实现创新资源集聚能力、企业技术创新能力、高新技术产业引领、创新机制环境优化“四个显著提升”，促进创新资源充分集聚，科技、产业、金融充分融合，基本形成创新驱动产业集聚发展的格局。立足市场需要和产业基础，大幅度提升海洋生物医药产业科技含量，实现向创新经济的跨越。着眼全球新一轮科技革命和产业变革的新趋势、新方向，遵循海洋生物医药产业发展的基本规律，突出优势和特色，打造一批广东海洋生物医药产业集聚区，形成区域经济增长新格局。把握推进"一带一路"建设契机，以更开放的视野高效利用全球创新资源，提升海洋生物医药产业的国际化水平。持续完善有利于汇聚技术、资金、人才的政策措施，创造公平竞争的市场环境，全面营造适应海洋生物医药产业新技术、新业态蓬勃涌现的生态环境。具体来看，体现为如下三个方面。

第一，产业规模持续壮大，成为海洋经济增长的新动力。应把握全球海洋药物与生物制品产业发展趋势，坚持资源优先、强化应用导向，进一步加大投入，夯实产业创新基础，优化产业生态，激发市场活力，实现海洋生物医药产业增加值占海洋产业总值比重的跨越式增长，发展成为新一代产值规模较大的新支柱。到 2030 年，海洋生物医药产业经济质量和效益显著提高，广东省海洋生物医药产业成为全省海洋产业支柱力量及推动全省海洋经济持续健康发展的主导力量，海洋生物医药产业结构和空间布局显著优化，现代海洋生物产业体系基本形成。

第二，产业结构进一步优化，形成产业新体系。着力突破一批核心技术和关键环节，提高科技成果转化能力，发展一批原创能力强、具有国际影响力和品牌美誉度的行业排头兵企业，促进活力强劲、用于开拓的中小企业持续涌现。不断提升广东省海洋药物与生物制品产业规模与效益，打造具有国际影响力的海洋药物与生物制品产业体系。形成若干具有国际竞争力的海洋生物医药产业发展策源地和技术创新中心，打造成为特色鲜明、创新能力强的新兴产业集群。

第三，创新能力和竞争力明显提高，形成海洋经济增长的新高地。攻克一批关键核心技术，发明专利拥有量年均增速达到 15% 以上，建成一批重大产业技术创新平台，产业质量明显提升，形成先发优势，知识产权保护更为严格，激励创新的政策法规更加健全。海洋生物医药企业竞争力显著增强，海洋生物产品知名度大幅提升；初步建成布局合理、产业高端、科技领先、管理科学，具备较强国际竞争力的全国一流的海洋生物医药创新型产业集群，加快形成经济社会发展新动能。

三、产业集聚发展的重点方向

（一）整体部署，整合发展

海洋生物医药产业作为新兴产业，在培育过程中需要充分发挥政府的先期引导作用，统筹全局、高效整合，在发展方向、资金流向、人才流动和舆论环境等方面不遗余力积极引导。充分兼顾资源、产业、生态等的协调发展，坚持整体部署、统一规划，加快形成海洋生物医药产业集聚区，拓展海洋生物资源新领域。

（二）开放融合，创新发展

广东省海洋生物医药产业集聚发展应该充分深入实施创新驱动发展战略，构建开放型创新体系，利用国家深化改革开放新格局的体制机制和政策优势，以科技创新为源头，积极探索、勇于尝试，以更开放、更包容的方式，营造创新要素互动融合的社会环境，进一步拓宽对外合作渠道，创新合作方式，提升重点领域开放合作水平。高效利用全球创新资源，积极吸引国内国外的要素资源，充分吸收国际先进理念和经验，加快海洋生物医药产业集聚进程，以开放创新引领海洋生物医药产业集聚的国际化、全球化发展，全面提升海洋生物医药产业发展能力。

（三）前拓后延，协同发展

广东省海洋生物医药产业集聚发展应该充分利用广东优越的海洋资源禀赋，拓展海洋生物医药产业与海洋新能源产业、海洋高端装备制造产业、海水综合利用产业、海洋环境产业和深海矿产产业等海洋战略性新兴产业的协同发展，积极延伸海洋生物医药产业从获取原材料、技术研发、产品加工到成品销售等的产业链，以产业链和创新链协同发展为途径，加快推进产业链、价值链、创新链的合理配置，深度融入全球产业链，形成创新经济集聚发展新格局。

（四）需求引领，持续发展

广东省海洋生物医药产业集聚发展应该充分以市场需求为引领，加快新产品、新服务的应用示范，以消费升级带动产业升级。突出企业主体地位，聚焦突破核心关键技术，加快开发具有重要临床需求的海洋创新药物和生物制品，提升产品和服务的附加价值和国际竞争力。全面激发大众创新万众创业的动力活力，增强可持续发展能力。加快开发基因测序、细胞规模化培养、靶向和长效释药、绿色智能生产等技术研发应用，支撑产业高端发展。加快制药装备升级换代，提升制药自动化、数字化和智能化水平，进一步推动中药产品标准化发展，促进产业标准体系与国际接轨，加快国际化步伐。发展海洋创新药物，开发具有民族特点的现代海洋重要产品，推动试剂原料和中间体产业化，将广东海洋生物医药产业集聚发展成为具有国际影响力的海洋生物医药产业集群。

第二节　广东省海洋生物医药产业集聚发展的对策建议

一、提升产业集聚程度

产业集聚所带来的公共产品的效益性、专业化投入品的指向性、知识的溢出性、劳动力市场的共享性等外部经济效应的增强，有助于提高资源利用效率，满足海洋生物医药产业发展的“柔性需求”。值得注意的是，随着产业集聚程度的加深，促使中间投入品的规模效应和劳动力市场规模效应充分发挥作用，所带来的协同效应、溢出效应、规模效应、辐射效应和自增强效应，促使区域经济在生产效率、交易效率、产业组织优化带来的市场绩效和产品差异化等方面使集聚区内的企业具有明显的竞争优势，有利于提升整个海洋生物医药产业的发展水平。

一方面，加快规划建设海洋生物医药产业创新载体。创新载体包括经济园区、创新实验室、科技企业孵化器、产业战略联盟、产学研集群以及生产贸易区等。创新载体以产业链耦合为基础，往往具有布局集中、功能互补、设施配套、规模合理、分工协作的特点，是产业集聚发展的重要载体。其中经济园区通过提供高质量、高效率的公共产品，吸引具有产业关联性的大量企业人员，产生出一批具有分工协作关系的关联企业，进一步壮大海洋生物医药产业。科技孵化器服务于科技型中小企业、培养高新技术企业的科技创业服务载体，为企业提供研发、中试生产、经营场地等共享设施，是创新体系的重要组成部分。创新实验室和产业战略联盟是以提升产业技术创新能力为目标，形成联合开发、优势互补的技术创新合作组织。海洋生物制药企业与高等院校的科研基地合作，推动产学研集群的形成。生产贸易区促进海洋生物医药产业的成果转化，推进市场化运作。这些创新载体进行技术转移，实现创新资源的衔接，促进海洋生物医药产业竞争力提升与协同发展。通过有序推进海洋生物医药企业向各类创新载体整合和搬迁，实现聚集发展，成为海洋生物医药行业科技含量高、加工品种全、产品附加值高的产业基地，形成辐射沿海地区的海洋生物医药产业集聚区，使广东海洋生物医药产业发展成为我国乃至世界重要的海洋生物医药科技产业基地。

另一方面，做好产业集聚发展配套措施。要确保广东海洋生物产业相关园区建设的工作能顺利进行。将海洋生物医药产业园区建设用地纳入土地总体规划，提供园区发展的土地保障；对在园区注册投资的企业和从事高新技术产品开发的研究机构，以及园区主体的技术转让及其相关的技术服务收入给予税收上的优惠，大力支持有关海洋科技型企业和研究平台向园区集聚。中共中央、国务院在2019年2月18日印发的《粤港澳大湾区发展规划纲要》明确指出，粤港澳大湾区要大力发展海洋经济，广东海洋生物医药产业集群可以利用这一历史机遇，积极融入粤港澳大湾区战略之中，主动与港澳地区相关产业园区对接，形成相应服务体系，建设一批海洋生物医药产业科技园、具有区域特色的海洋生物医药产业园和海洋生物医药产业转移园等园区，提供海洋生物医药产业集群发展的研发平台。

二、推动产业链条延伸

海洋生物医药产业链条的延伸应考虑海洋生物医药的横向产业链、纵向产业链以及海洋生物医药产业链涉及的相关领域。

从横向产业链来看，海洋生物医药产业链上游是药品研发阶段，包括药源获取、靶向识别和确认、先导化合物发现和优化、技术提供；中游环节包括生产设备开发、药物开发和生产、临床前试验、新药物研究申请、临床研究、临床实验管理服务、新药申请和药品生产、批量药物制造；下游环节主要是辅助生产、质量认证、药品销售等。如图9-1所示。

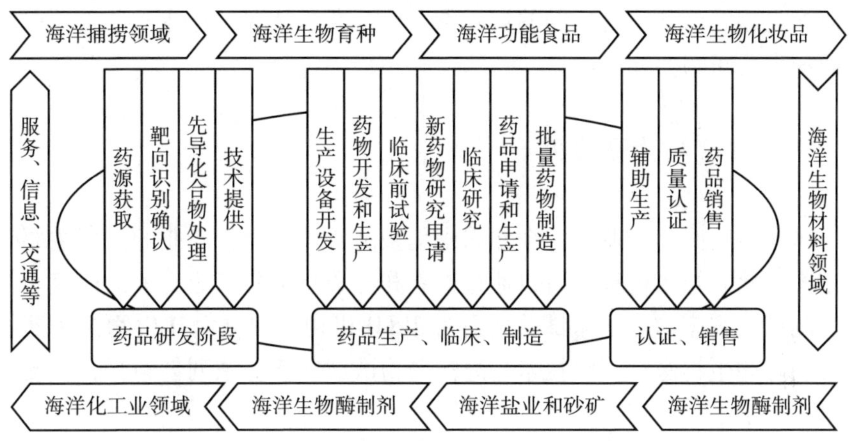

图9－1　海洋生物医药产业横向产业链及涉及领域

从纵向产业链来看，随着技术发展水平的提升，海洋生物医药产业从低端的基础性海洋生物医药制品，走向中端的海洋生物医药制品，迈向高端的高技术海洋生物医药制品。海洋生物医药产业链涉及的领域包括海洋捕捞领域、海洋生物育种领域、海水健康养殖领域、海洋功能食品领域、海洋生物源化妆品领域、海洋生物材料领域、海洋生物酶制剂领域、海洋盐业和砂矿领域、海洋化工业领域、海洋水产品加工业领域、专用设备仪器仪表制造领域、科学研究技术服务领域、公共管理服务领域、金融服务领域、计算机信息领域以及交通运输仓储等领域。

此外，要做好与海洋生物医药相关产业的合理布局与规划，海洋生物医药的横向、纵向产业链应与海洋生物医药产业涉及的相关领域融合发展。一方面，加大主导产业、相关产业以及配套服务产业的发展建设，完善自身产业链。辅助产业尽快与海洋生物医药开发的主项目对接，建立良性的输出渠道，逐步形成具有完整产业体系的产业集群，发展拥有自主知识产权的广东品牌，进而为大区域的经济发展提供动力。另一方面，海洋生物医药产业资源的利用还将逐步从近海、浅海向远海、深海发展；陆地高新技术迅速向海洋药物和生物制品开发转移；海洋生物医药纵向产业链从低端走向高端；以企业为主导的海洋药物和生物制品研发体系将成为主流。相关企业应以科技创新为引领，以市场需求为导向，通过药品创新和工艺创新，开展产业关键技术攻关，提高产业整体技术含量，以技术链作为海洋生物医药产业链延伸的切入点，培育高端品牌，打造一条覆盖面广的海洋生物医药产业链。

三、提高技术研发水平

海洋生物医药产业是一个知识密集型高科技产业，产业的发展主要依赖于产业核心技术进步。可以通过建立和健全与医药产业有关的研究、筛选、测试、临床前与临床试验的各种 R&D 机构，建立海洋生物技术药物开发、海洋生物医学工程技术、海洋药物试剂创新等系列创新平台，提高技术研发水平。

第一，加快关键技术和优势药物的研发与突破。一方面，深化研究海洋生物活性物质的提取、结构和功能，解决产品高效制备、合成和质量控制等药源生产关键技术，力争形成切实可行的中试和产业化规模的技术路线和生产工艺技术体系。另一方面，加强海洋候选药物临床前研究：努力构建国家认可的临床前研究技术策略体系与评价数据，提升海洋创新药物的临床前研究水平，为医药研发提供有效支撑。

第二，重点开发有特色的海洋生物医药产品。比如以海洋中药海螵蛸为主要成分的治疗胃炎的海蒲胃宁等海洋生物药品；免疫抗疲劳产品、抗肿瘤产品等海水螺旋藻系列产品；防治骨质疏松症的仙珍骨宝胶囊等海洋保健产品；含海藻多酚，用于提高骨密度，同时降脂、防治骨质疏松的海藻粉骨葆；含小分子海藻多糖、枸杞多糖和益智多糖，用于排铅解毒，强壮益智的海洋保健食品；基因工程技术制备特异性鲎试剂等海洋生物检测试剂产品。

第三，建立海洋生物医药产业或技术联盟。应支持海洋生物医药产业链企业、研发和服务机构建立海洋生物医药产业或技术联盟，鼓励骨干企业加强研发投入及参与国际、国家或行业标准的制定，引导企业积极制定具有国际竞争力、高于现行国家标准的企业内控标准，完善与集群产业链相关联的研发设计、创业孵化、技术交易、投融资和知识产权等服务机构。

四、培育重点龙头企业

广东省海洋生物医药产业集聚发展还应该重视培育龙头企业。一方面，充分利用现有海洋生物医药企业基础和产业优势，通过培育和扶持，做强做大一批骨干企业，成为海洋生物中高端产业链的知名企业和品牌；鼓励海洋生物医药企业走与国内外著名海洋生物品牌企业合作的道路，逐步打响名牌；同时走整合提升道路，通过以海洋生物医药龙头企业的产品或以品牌为纽带，整合资源，实行配套生产或联合经营，增强海洋生物医药企业和产品竞争力。另一方面，充分发挥政府扶持政策效应，强化海洋生物医药科技型中小企业技术创新基金的引导作用，支持成长性好、发展潜力大的海洋生物医药优秀企业做大做强，同时吸引国家和国际海洋生物医药产业重大项目落户，培育海洋生物医药产业龙头示范企业。具体来看，应该做好如下工作。

1. 做大龙头企业

一方面，支持资本重组。鼓励实力较强的企业，以资金、技术、市场为纽带，开展跨地区、跨行业重组与兼并，围绕主业完善上下游产业链，使之成为具有较高知名度、带动力强的海洋生物旗舰型企业。另一方面，鼓励企业上市。鼓励和引导有条件的企业，从体制、机制上夯实上市基础，提高对企业上市的服务效率，降低企业上市成本。

2. 做强中小企业

一方面，实施中小企业培育工程。以优势企业为重点，制订中小企业培育计划，对纳入培育计划的企业，优化业务流程、管理创新和市场开拓。另一方面，促进企业技术创新。指导符合条件的中小企业申报国家、省、市各类企业研发中心，政府可给予资金补助政策。认定的高新技术企业享受所得税减免政策。鼓励企业加大技改投入，提高创新能力。

3. 大力发展初创型企业

第一，加大初创期企业孵化力度。加快各海洋生物医药产业孵化器的建设，提高孵化速度，孵化培育一批初创型、成长型的高新技术企业。第二，加大对初创型企业扶持力度。市财政加大投入力度，采用项目资助、投融资资助等方式支持初创型企业发展；对初创型企业按规定减免场地租赁费和个人所得税。第三，加强对初创型企业创业指导。为初创型企业开展创业辅导、企业诊断、信息咨询、经营管理、技术开发、市场营销、知识产权等培训服务。第四，增强初创型企业融资能力。鼓励市级政策性担保公司和银行共同组建风险基金，进一步放宽贷款条件，支持初创型企业发展。

五、建设公共技术服务平台

第一，建设海洋生物医药大数据交易中心。海洋生物医药产业相关产业较多，依托国家级大数据交易平台，结合广东海洋生物医药产业建设需要，以服务海洋生物医药产业集聚为目标，通过建设中国海洋生物医药大数据中心、海洋生物医药大数据实验室、海洋生物医药大数据专利平台、海洋生物医药大数据交易中心等多种形式，打造综合性海洋生物医药大数据应用体系。通过汇聚海洋数据资源，统筹海洋科技成果，促进成果转化；同时提升海洋管理服务，强化海洋管理决策能力；通过大数据促进海洋生物医药产业发展，建设现代化海洋生物医药产业基地；建设海洋生物医药大数据交易中心，促进海洋数据资产转化。

第二，建设技术研发孵化、联合攻关与成果转化平台。一是以研究平台为主，主要建设以海洋生物医药产业链发展配套的服务平台，如海洋生物活性产物分离纯化中试技术研发平台、海洋生物活性物质国家标准样品与检测方法研发技术平台、海洋生物发酵中试技术研发平台、海洋生物资源综合开发中试研究平台、海洋生物综合利用研究平台等工程化技术研发平台。二是围绕生物医药科技产业链关键环节、战略产品研发，组织产业链上下游或技术互补型企业、高校、科研院所等，组建海洋生物医药科技产业应用研究联盟，联合开展核心技术联合攻关，加速工艺配套和对接，加速成果转化，拓展产品链条，形成基于自主知识产权的技术体系和生产体系。当前，重点是与海洋生物医药领域的国内外著名专家学者和涉海知名高校合作建设院士工作站、教育部重点实验室分室、全国海洋生物医药研究中心，并不断拓展合作领域和载体。

第三，建设战略研究与发展平台。跟踪海洋生物医药科技研发、技术创新、产业发展的最新态势，提出核心技术攻关的重点领域，建立海洋生物医药产业集聚区战略专家委员会、技术专家委员会，为推动海洋科技产业发展提供战略规划和决策咨询，同时为海洋生物医药企业提供咨询服务。

第四，建设公共服务平台。其一，搭建知识产权分析与服务平台。跟踪国内外海洋生物医药科技领域的专利现状，研究海洋生物医药科技产业专利发展趋势和建议等，建立海洋生物医药科技专利检索数据库，在核心技术攻关、产品研发、市场开拓等方面为园区企业提供权威、全面的专利信息咨询服务。引导海洋生物医药企业建立专利联盟，通过交叉授权、专利买断等方式防范专利风险、规避技术壁垒。其二，搭建产品展示与宣传平台。注重创新性、前瞻性、趣味性，以主题展、体验馆、创意工作室等形式，图文并茂地集中展示海洋生物医药科技产业发展取得的新技术、新工艺、新产品、新成果。通过网站、电视、报纸、杂志等媒体，加强对海洋生物医药科技产业的宣传工作。其三，搭建国际合作交流平台。通过国际合作，积极跟踪国际海洋生物医药科技产业巨头、高校及科研机构的战略布局。通过项目引导，建立广东海洋生物医药产业示范区海洋科技产业战略研究专业团队和专家智库、研发数据库，加强资源共享，打造“政产学研用”相结合、多行业多学科合作的开放性国际合作与咨询服务平台，快速提升海洋生物医药企业产品研发和创新价值。

第三节　广东省海洋生物医药产业集聚发展的保障措施

一、加强政府政策支持

第一，落实国家税收优惠政策。全面落实企业研发费用税前加计扣除、高新技术企业所得税优惠、进口设备减免税以及国家其他促进海洋生物产业发展等税收优惠政策。

第二，明确海洋生物医药产业准入政策。根据国家和广东省关于产业扶持的政策措施，制定广东省海洋生物医药产业发展目录，结合海洋生物医药产业情况、生态环境容量和国家发展需求，将海洋生物医药产业分为鼓励类和限制类，推进创新性海洋生物医药产业优先发展。

第三，严格执行各级各类法规政策。加大对海洋生物产业知识产权保护力度，增强品牌意识，规范市场行为；制定差别化用地用海政策，对列入国家、广东省各类重点项目的新兴海洋生物医药产业项目，优先安排用地用海指标；进一步加强对监管机构的人、财、物投入，完善监管组织体系，调动各方积极性，形成监管合力，为海洋生物产业的发展提供良好的政策法规环境。

二、完善人才培养体系

第一，探索广东海洋生物医药产业“招商＋引才”模式引进高端人才。围绕海洋生物医药产业的重点领域和项目，在引进产业、项目和研发中心（机构）的同时，同步引进一批高层次创业创新人才（团队），对引进的人才（团队）给予创业扶持和创新资助；对与海洋生物医药类企业签订劳动合同的工科博士、硕士以及企业高管人才，给予优惠的资金补贴。要明确进一步加强海洋科学技术的研究，重视海洋生物医药科学研究、海洋生物开发与企业管理、海洋生物医药产业发展所必备的各类人才。加强企业生产高层次管理人才、高水平生物医药科学技术专业人才智力队伍建设。要加大人才引进力度，通过多通道、多层次、多手段的方式来引进人才、留住人才。

第二，发挥地区高校与科研机构的辐射能力。应该鼓励广东省各高校、科研院所等事业单位科研人员在履行所聘岗位职责的前提下，到企业兼职从事科技成果转化、技术相关性工作。鼓励和支持企业设立博士后科研工作站、博士后创新实践基地。对建立博士后科研工作站、博士后创新实践基地的企业以及对进站（基地）开展科研的博士后给予建站（基地）资助。采用专业队伍跟进吸引、核心人才培养等方式，吸引支持相关技术人才独创或者联合创办高技术企业、从事高技术产品研究。进一步完善和贯彻各项奖励优惠政策，如在户口、税收、收入分配等方面，要完善技术参股入股等产权激励机制，为优秀海洋生物医药人才提供良好创业条件。

第三，支持高等院校、科研机构和企业之间实行创新人才双向流动。比如鼓励高校、科研院所等事业单位科研人员在履行所聘岗位职责的前提下，到企业兼职从事科技成果转化、技术攻关，所得收入由个人、单位协商分配；支持海洋生物医药企业创新创业人才到高校科研院所兼职。允许海洋生物医药企业高校、科研院所设立一定比例的流动岗位，吸引有创新实践经验的企业家和企业科研人才兼职。

三、加强海洋环境与资源保护

（一）推动海洋资源节约集约利用

广东丰富的海洋生物资源，是发展海洋生物医药产业的良好基础。但是，广东目前总体海洋生物医药产业规模还有待扩展，海洋生物资源优势还没真正发挥出来。因此，为充分发挥广东海洋生物资源优势，海洋生物产业发展必须因地制宜，结合本区域海洋生物资源特色，走符合自身发展的道路。此外，要健全海洋空间和资源规划体系，着力提升海岸带空间资源和海岛资源开发利用水平；建立健全用海预审制度，严格控制广东填（围）海活动；加快海洋资源循环利用产业发展，加强海洋生物资源综合利用，鼓励海洋开发企业开展废弃物循环利用，完善再生资源回收体系。

（二）加强海洋生态保护与建设

严格保护海洋保护区，推进广东海岸湿地及近海生态保护特别是滩涂、红树林、珊瑚礁、海底草场以及生物多样性等保护，深化海洋生物多样性调查、监测、评估。同时强化海洋污染防治与监管。实施污染物排海总量控制，加强对各大污水处理厂以及邻近海岸的污水处理站的污水排放监控，控制涉海项目的污染物排放和海洋倾废。加强海洋环境监测能力建设，建立健全海洋环境监测体系，建设面向近海重要港湾、重点养殖水域和环境自动、立体、实时监测网络；加强海洋灾害防治，建立健全台风、风暴潮、赤潮、溢油等海洋灾害应急机制；加强信息沟通，提高灾害信息服务水平，深化灾害应急联动协作机制。

（三）做好资源开发保障措施建设

广东海洋生物丰富，可以发挥地区资源优势，将这些可利用生物添加到药品、保健品中。在此过程中，广东省应该加强海洋生物医药企业管理制度建设。广东各企业应该建设健全销售网络，以期在生物工程领域技术上寻求突破。各企业应当因地制宜，发挥自身企业的技术优势，结合广东独特的海洋生物资源，走出一条有广东特色的海洋生物医药之路。

四、完善其他配套措施

（一）加强产业集聚发展创新平台建设

第一，依托重大平台推进海洋生物医药产业集群发展。依托广州国际生物岛、中山火炬区国家健康科技产业基地、深圳坪山国家生物产业基地、深圳国际生物谷大鹏新区海洋生物产业园、南沙海洋科技创新基地、珠海三灶科技工业园、粤澳合作中医药科技产业园等重大平台，提升海洋生物医药产业基地、园区或项目规模，形成广东海洋生物医药产业聚集发展模式，全力推动海洋生物医药产业跨越式发展。

第二，利用粤港澳大湾区机遇大力发展海洋生物产业园区。广东海洋生物医药产业集聚发展应积极融入粤港澳大湾区战略之中，主动与港澳地区相关产业对接，建设一批海洋生物医药产业科技园、具有区域特色的海洋生物医药产业园和海洋生物医药产业转移园等产业园区，提供海洋产业医药集聚发展的平台和条件。

第三，做好广东海洋生物产业相关园区建设的支持工作。将海洋生物医药产业园区建设用地纳入土地总体规划，提供园区发展的土地保障；对在园区注册投资的企业和从事高新技术产品开发的研究机构，以及园区主体的技术转让及其相关的技术服务收入给予税收上的优惠，大力支持科技型企业和研究机构向园区集聚。

（二）拓宽产业发展融资渠道

第一，加大广东财政资金对创新型产业集群的支持力度。通过整合现有各种扶持企业和海洋生物医药产业发展专项资金以及增加安排部分资金的方式，配合采用无偿补助、贷款贴息、风险投资、担保费用补贴、奖励、创业投资等支持方式，实施人才工程、示范工程、推广应用等专项，集中扶持海洋生物医药产业集聚发展。

第二，积极争取国家资金。主动与国家和广东省各项战略和规划相衔接，积极争取各项政策和资金的支持。如争取国家重大海洋专项、产业技术创新平台和产业化项目对广东海洋生物医药产业支持，支持广东海洋生物医药产业集群建设等。

第三，建立筹集社会资金的渠道。根据广东海洋生物医药产业集聚发展需要，有条件的部门，可搭建涵盖投资、小贷、基金、担保、保险、资产管理等功能的实体性投融资公司，促进广东海洋生物医药产业集聚发展；利用各类科技风险基金、中小企业担保基金、科技保险基金，广泛吸收社会、民间、国外资本参与广东海洋生物医药产业集聚发展的建设。

附录一　广东省海洋生物医药企业情况

（一）广州市蓝钥匙海洋生物工程有限公司

该公司生产经营特色主要表现在两方面。一是产业链运作较为成熟。广州市蓝钥匙海洋生物工程有限公司专注于海洋健康产业，将陆续推出系列高技术、优质功能的海洋保健食品和海洋健康食品，开创原生态的“蓝色健康品”产业，是集产品研发、生产、销售为一体的高新科技型企业。① 二是技术积累丰厚。经历近十几年的努力，已初步完成了海洋健康产品的技术积累。申请和授权的国家发明专利数十项，2007 年有 6 个产品被列为“国家中医药管理局中国中医药科技开发交流中心科技成果推广项目”，目前已拥有 7 个海洋保健食品，至 2009 年底将增至 9 个海洋保健食品，均为发明专利产品。

该公司代表性产品按功能划分为三个系列。肠胃系统：2 个产品，2 个保健功能。慢病系统：4 个产品，6 个保健功能。抗衰老系统：3 个产品，6 个保健功能。

（二）广州海怡康生物科技有限公司

该公司生产经营特色主要表现在两方面。一是成果转化优势突出。广州海怡康生物科技有限公司成立于 2005 年 1 月，是中国科学院南海海洋研究所技术成果推广企业。主要从事海力健海水螺旋藻系列产品的生产与销售，与中国科学院南海海洋研究所在海南三亚联合共建海水螺旋藻实验养殖基地，与江门粤健生物工程有限公司在广东江门联合共建海水螺旋藻

① 本附录关于公司基本情况的介绍主要源于公司主页。
广州市蓝钥匙海洋生物工程有限公司．公司简介［EB/OL］. http：//www. bluekey. com. cn/.［2020 - 10 - 15］.

片剂 GMP 生产线。在成果转化方面比较有代表性的产品有海力健海水螺旋藻系列产品。二是“政产学研用”协同体系创新发展。海力健海水螺旋藻系列产品是中国科学院南海海洋研究所研制开发的国家“七五”重点科技攻关技术成果之产业化推广项目，由前国际藻类学会主席、中国科学院资深院士曾呈奎教授主持领导，南海海洋研究所微藻课题组藻类专家前后历经十多年的艰苦攻关和奋斗完成。其相关研究荣获国家及中国科学院科学技术进步奖。螺旋藻养殖国际权威 R. FOX 和 BOROWITZKA 教授对此项成果给予了高度评价，认为海水螺旋藻是国际螺旋藻产业的发展方向。①

该公司代表性技术产品：海怡康海水螺旋藻系列产品的生产和销售。

（三）深圳海王集团股份有限公司

该公司生产经营特点主要表现在两方面。一是研发体系完善。海王集团拥有国内领先的医药产品自主创新能力和涵盖全产业链的研发体系，核心业务覆盖医药健康产品研发、制造、流通、零售、互联网健康管理等全产业链。二是人才资源充足。2018 年，集团销售规模近 600 亿元，员工 3 万人，综合实力在中国医药产业位居前列。拥有院士工作站、国家级技术中心、国家高科技研究发展计划成果产业化基地、博士后科研工作站等国家级研发平台。②

该公司代表性技术产品：在抗肿瘤、心脑血管、海洋药物等领域新药研发成果丰硕，并在一类新药研发方面实现重大突破。目前在研的国家一类新药涉及基因工程、化学合成、中药现代化、转基因等前沿领域。

（四）广东昂泰连锁企业集团有限公司

该公司生产经营特点主要表现在三个方面。一是注重产品开发。广东昂泰连锁企业集团有限公司自公司成立前就致力于海洋功能食品的研究和开发，是海洋药物开发的先行者，也是目前广东海洋生物产品开发数一数

---

① 广州海怡康生物科技有限公司．公司简介［EB/OL］. http：//www. haiyikang. com/.［2020 - 10 - 15］.

② 海王集团．公司简介［EB/OL］. https：//www. neptunus. com/AboutUs/Company/Introduction/.［2020 - 10 - 15］.

二的企业。二是形成产学研合作科研攻关。昂泰与中山大学、武汉大学、第一军医大学、北京大学、清华大学、中科院等十多家大专院校和科研单位的上百位专家、教授、高级工程师合作，进行了坚持不懈的产学研合作科研攻关。三是核心产品具有技术优势。广东昂泰连锁企业集团有限公司率先以鳗鱼为突破口，后又将研究领域扩展到甲鱼、鳄鱼和珍珠，从“三鱼一珠”体内提取出具有双向调节身体机能和均衡营养作用的有效活性物质，形成了蓝色海洋生物保健食品，制成的昂泰系列产品分别具有调节血脂、改善记忆、防止痴呆、免疫调节、抗疲劳、预防肿瘤、调节内分泌、护肤美容等保健作用，经过一系列功能实验、临床实验和稳定性实验，并由广东省食品工业办公室组织专家进行技术鉴定，证明该系列产品技术先进、加工工艺独特，能最大限度地保持生物活性，质量稳定可靠，分别达到国内和国际同类产品的先进水平。产品问世以来多次获得国家级、省级科技奖项。①

该公司代表性技术产品：公司目前承担着多项国家级和省级科技项目，如鳄鱼抗肿瘤的有效成分提取与分离及新药的研制开发，鳄鱼系列产品深加工，高附加值海洋健康食品产业开发，鳄鱼、鳗鱼海洋生物制品，鳗鱼油系列产品开发等。

（五）广东省海陵海洋生物药业有限公司

该公司生产经营特点主要表现在三个方面。一是主导产品突出。广东省海陵海洋生物药业有限公司以海洋生物制药和海洋生物保健品为主导，是集研发、生产、销售于一体的民营科技企业。二是研发体系完善。企业拥有药品生产基地、保健品生产基地、海洋生物研究所（与广东海洋大学合建）、科技营销公司。三是企业产值较高。围绕海洋生物资源开展新产品研发，该企业目前拥有 OTC 药品和保健品共二十几个品种规格，年产值超亿元。②

该公司代表性技术产品：产业涉足的领域包括海洋生物药品、海洋生

① 昂泰集团．公司简介［EB/OL］. http：//www. antaeus. com. cn/index. php? c = article&a = type&tid = 8. ［2020 - 10 - 15］.

② 广东省海陵海洋生物药业有限公司．公司简介［EB/OL］. http：//sp219026. zjbiz. net/. ［2020 - 10 - 15］.

物保健食品、海洋生物营养食品、海洋生物美容化妆品及个人护理与家庭护理用品、海洋生物医学工程产品。

（六）湛江市博康海洋生物有限公司

该公司生产经营特点主要表现在三个方面。一是产品全国领先。1988年3月博康海洋生物有限公司从海洋生物——东方鲎血细胞提取凝固酶原（Droclotting enzyme）、凝固蛋白原（Coagulogen）研制成功鲎试剂，成为全国首批、广东省第一家获国家卫生部［（88）卫药准字SJ-04号］新试剂生产文号。二是优势产品突出。1991年11月再次研究成功“鲎试剂活性定向生产工艺”，提高了鲎试剂对细菌内毒素反应的专属性和灵敏度，并实现鲎试剂灵敏度可控性生产。该成果通过广东省科委［粤科鉴字（1991）123号］科学技术成果鉴定，并获国家发明专利（专利号：ZL95105652.2），技术水平属国内领先，鲎试剂对细菌内毒素、多糖类（非内毒素）的鉴别功能为100%，优于美国同类产品。三是注重技术攻关。1996年12月，承担国家科委下达的（编号：89192148）国家级火炬计划《鲎试剂研制与应用》技术攻关，1998年6月研究成功定量法鲎试剂，为《中国药典》2000年版新增收载的“细菌内毒素定量检查法”或2005年版“细菌内毒素光度测定法”的实施，提供了重要的理论依据和物质基础。①

该公司代表性技术产品：博康海洋生物有限公司从事鲎试剂生产与应用研究已历经22年多时间，积累了丰富的科研工作经验；在2004年5月又增资1200万元用于鲎试剂项目技术改造，成为全国鲎试剂生产行业第一个符合GMP规范化生产的企业；在鲎试剂应用研究领域发表出版专刊30多期；并参与中国药典《鲎试剂质量标准》《细菌内毒素检查用水质量标准》《细菌内毒素检查法》操作规程的修订工作。二十多年来，为提供尽善尽美的服务，在全国开办细菌内毒素检查法技术培训班90多期，为医药卫生领域细菌内毒素检查法的实施和普及、保障药品质量和人民用药安全作出了重要贡献，在中国鲎试剂与细菌内毒素检查法的发展历程中起着引领作用。

---

① 湛江博康海洋生物有限公司．公司简介［EB/OL］．［2020-10-15］. http://zjhybio.biogo.net/.

（七）湛江安度斯生物有限公司

该公司生产经营特点主要表现在四个方面。一是资金来源渠道较广。湛江安度斯生物有限公司成立于 1997 年 3 月，是世界著名的实验动物生产企业美国查尔斯河实验室有限公司（Charles River Lab. Inc.）在中国湛江投资建立的中美合资企业，是海洋生物医药行业的典型代表。二是产业生产能力较为稳定。公司固定资产投资规模约 4000 万元人民币，厂区占地面积 10000 平方米，第一期设计生产能力为年产鲎试剂 2000 万支。是中国最大的细菌内毒素检测系列产品的生产和供应商；是世界卫生组织细菌内毒素效价协作标定单位之一；是中国鲎试剂生产标准制定和修改单位之一，也是中国第一批国家参考鲎试剂的生产单位。三是具有自主研发能力。公司拥有一批素质优良的生物化学、化学、生物工程、药学、制药工程等专业技术人员，具有各类生物检测试剂产品的独立研发能力。四是注重专利保护。1997 年公司成立至今，已经取得的发明专利包括了一种血液的细菌内毒素定量检测的同系统模型法、一种细菌内毒素定量检测的方法、细菌内毒素定量检查的工作标准内毒素盒的制备方法、细菌内毒素快速检测试剂盒的制备方法、一种微量终点显色鲎试验方法等五项，并且已经将所有专利发明转化为产品在中国市场销售；所有检测产品具有完全自主的知识产权。①

该公司代表性技术产品：公司持有国家食品药品监督管理总局颁发的药品生产企业许可证和医疗器械生产许可证；拥有鲎试剂、细菌脂多糖和细菌 1－3－ß 葡聚糖检测试剂盒等三个检测产品生产批准文号。鲎试剂及其相关细菌内毒素检测产品的生产技术和产品质量在国内领先，达到国际先进水平。

（八）广东湛江银浪海洋生物技术有限公司

该公司生产经营特点主要表现在三个方面。一是产业发展资源丰富。广东湛江银浪海洋生物技术有限公司成立于 1997 年，位于祖国大陆最南端的亚热带风光海滨城市，面积达 30000 多平方米，现有员工 186 人，是由我国知名大学海洋生物专家、教授、博士及海外留学人员共同参与创建

① 湛江安度斯生物有限公司．公司简介［EB/OL］. http：//www. zacb. com/list－2－1. html.［2020－10－15］.

的“集海洋生物研究、开发、加工、贸易”为一体的高科技民营股份制企业。二是注重研发基地及经营实体建设。公司下辖南海海洋生物研究及开发基地，海洋活性护肤研究中，海洋生物化妆品厂、海水珍珠养殖场、珍珠连锁店等实体。其中下辖的海洋活性护肤中心目前已利用产自南海洋洁净、蔚蓝海域中的珍珠、海藻、甲壳类动物等的活性物质成功研制出银浪TM纳米珍珠护肤品、洗发露、沐浴露、洁面乳、洗手液等系列日用化妆品及银浪TM纳米珍珠精华面贴膜等系列美容产品。公司信誉卓著、先后荣获湛江市“光彩之星”“湛江市先进民科企业”“湛江市科技进步二等奖”等荣誉。三是成果具有国内领先水平。拥有自主知识产权的最新科研成果——“纳米海水珍珠粉的研制及其在化妆品上的应用研究”，已被湛江市人民政府推荐为本市工业发展的重点扶持科研项目，应用该成果开发出来的纳米海水珍珠护肤品在行业内独一无二，居国内领先水平。[①]

该公司代表性技术产品包括纳米海水珍珠粉的研制、银浪TM纳米珍珠系列美容产品等。利用海洋生物活性物质为主成分研制人类日常生活用品是该公司主攻方向。

（九）中国科学院南海海洋研究所

该机构成立于1959年1月，是国立综合性海洋研究机构。重点学科领域：热带海洋环境动力与生态过程、边缘海地质演化与油气资源、热带海洋生物资源可持续利用与生态保护和海洋环境观测体系及其关键技术。聚焦生态文明和国防安全建设工程，着力突破海洋领域前沿科学问题和关键核心技术。设有中国科学院热带海洋生物资源与生态重点实验室、中国科学院海洋微生物研究中心、广东省海洋药物重点实验室、广东省应用海洋生物学重点实验室、海南省热带海洋生物技术重点实验室与海洋环境工程中心等。[②]

近60年来南海海洋所共取得科研成果近800项，获国家、中科院、部委和省市级成果奖260项，相关科技创新团队荣获中共中央授予的“模

---

① 广东湛江银浪海洋生物技术有限公司．公司简介［EB/OL］. https：//cowboy213. etlong. com/.［2020－10－15］.

② 中国科学院南海海洋研究所．机构简介［EB/OL］. http：//www. scsio. ac. cn/.［2020－10－15］.

范集体”称号（2018 年）；代表性成果有热带海洋微生物新型生物酶高效转化软体动物功能肽的关键技术、热带海洋生物活性物质的利用技术、南海与邻近热带区域的海洋联系及动力机制、南沙群岛及其邻近海区资源环境和权益综合调查研究等。与 40 多个国家和地区建立了学术联系与合作，重点发展与欧、美、日、澳等海洋科学发达国家的合作与交流，加强与“一带一路”、丝绸之路沿线国家的交流与合作，并与斯里兰卡共建中国科学院中国斯里兰卡联合科教中心。

（十）中山大学亿达洲海洋生物科技研究开发中心

广东亿达洲公司与中山大学合作成立，着力开发一系列海马深加工产品。利用基因克隆技术筛选海洋活性物质，开展新药临床前药理学、毒理学、质量标准、稳定性、产业化研究，在广州市科技园、陆丰市、海口市等建设海洋药源生物人工养殖工厂化生产基地。

该机构主要成果：抗心律失常海洋一类新药的药学研究；大海马工厂化健康养殖技术研究与开发；杂色鲍工厂化健康养殖技术研究与开发；利用抗氧化脱醒技术开发保肝护肾保健高档功能酒；出版《海洋生物制药》著作。

（十一）广东中大南海海洋生物技术工程中心有限公司

该公司于 2003 年 6 月成立，是经国家发改委立项成立的国家级工程研究中心（南海海洋生物技术国家工程研究中心），目前该工程中心已被列为广东省“十大”重点建设高新技术工程之一。以中山大学为技术依托的技术研究和产业孵化中心，进行海水养殖、海洋生物制品、海洋药物等海洋生物技术的研发和产业化。① 重点研发项目有：克拉维酸、耐高温植酸酶、蝇蛆蛋白项目。重点建设六个技术平台有：高活性海水鱼类促生长剂生产技术工程化平台、水产疾病基因诊断技术工程化平台、水产疾病中草药及添加剂生化提取技术工程平台、鱼虾微颗粒饲料技术工程化验证平台、药源海洋生物活性物质生化提取技术工程化平台和海洋药用功能基因的获取及其功能蛋白技术工程化平台。此外，在广州已经建设了海洋天然药物研究室、海洋生物功能基因组研究室、营养病害研究室 3 个研究室，

① 广东中大南海海洋生物技术工程中心有限公司．简介．［EB/OL］. https：//baike. baidu. com/item/广东中大南海海洋生物技术工程中心有限公司/2857127？fr = aladdin. ［2020 - 10 - 15］.

海洋功能基因和功能蛋白技术平台、药源海洋生物活性物质深化提取技术平台、水产疾病基因诊断技术工作平台。为加强工程技术的上游研究，保证成套工程技术的源头研究，还将建设三个重点研究室：海洋经济动物繁殖、营养和病害控制研究室、南海海洋生物功能基因组研究室和南海海洋天然药物研究室。

该公司在海洋药物和生物制品研究方面，获得了多个具有自主知识产权的功能新基因，进行海洋基因工程新药海葵强心肽的开发、海蛇神经毒素新药的开发等，这些创新药物目前正在进行临床前的研究，其中海葵强心肽已经完成了临床前药学、药效的实验，研究结果理想，可望开发出新一代的一类基因工程药物。耐高温植酸酶前期研究已经完成，正向产业化生产迈进。参香养胃丸胶囊、红花牡丹膏、纳米珍珠粉、纳米珍珠美白面膜等，成为广东省海洋生物保健食品业的特色产品。同时还合作申报了胸腺五肽注射用原料药和多肽制剂。此外，基因工程重组表达的 EK 酶、3C 酶也已投入市场。目前拥有“中大海珍”“中大因子”等品牌。上市产品“中大因子”系列，已申报了多种拥有自主知识产权的营养功能食品、美容护肤品和药品。从深海鱼脑中提取活脑成分的功能食品、三个多肽原料药正在开发申报。

（十二）南方海洋科学与工程广东省实验室

2019 年广东省政府在广州、珠海、湛江同步建设南方海洋科学与工程广东省实验室。大力实施创新驱动发展战略，推动海洋生物医药产业高质量发展。南方海洋科学与工程广东省实验室（珠海）以形成海洋战略科技力量为目标，重点发展海洋学科群，打造创新型、引领型、突破型的大型综合性研究应用基地。

南方海洋科学与工程广东省实验室（广州）按照“8 + 7 + 6 + 5”的格局布局，聚焦 8 大海洋科学前沿基础研究方向，深攻七大海洋高新技术研发领域，建设 6 大创新支撑平台，打造 5 个产业孵化中心，已有 16 位院士团队和 31 个核心团队加盟，科研人员超 700 人；目标是建成国际一流的海洋科学与工程研发基地，建设面向科技前沿的海洋创新基础平台，推进粤港澳大湾区海洋高科技产业发展。目前南方海洋科学与工程广东省实验室（湛江）主要建设领域包括海洋工程装备、海洋生物、海洋能源等。

附录二　广东省海洋生物医药产业创新平台情况

产业基地	建立时间	定位	规模	产业方向	优势
中山火炬区国家健康科技产业基地	1994 年	全国首批创新型产业集群试点园区、国家新型工业化产业示范基地、国家数字医疗现代化产业基地，广东省首个医药集群产业升级示范区、广东省战略性新兴产业基地	落户企业 160 家，已形成以生物制药、医疗器械、医疗信息为主导产业，保健食品、化妆品、药包材、医药物流协同发展的产业集群格局。是最具规模的国家级健康产业园区	是我国首个国家级、按照国际认可的 GLP、GCP、GMP 和 GSP 标准建设的集创新药物、中西药、保健品、健康食品、医疗器械、医药包装材料研究与开发、临床应用、生产和销售于一体的综合性健康产业园区	健康基地对于有发展前景的健康产业项目，可以采用科创基金、技改基金、品牌基金、银行融资、上市融资等多种形式促进项目落户，采用多种投资方式
广州国际生物岛	2000 年	国际性的生物技术研究及生产基地。突出创新创业生态建设，目标打造成世界级的生物产业创新基地与广州创新驱动发展示范区	2019 年已经聚集了生物医药方面的企业超过 180 家。全岛目前 178 家生物科技企业入驻，拥有国家高新技术企业 16 家，开发区瞪羚企业 3 家、新三板上市企业 4 家、主板上市企业 1 家；累计培育或引进高层次人才 42 人。累计完成固定资产投资 100 亿元	主要产业发展方向为生物新药创制、生物能源、生物信息、基因工程与蛋白质工程和海洋生物等方面的研发。建设全球生物科技开放创新和技术转移孵化中心、全球生物科技成果交易中心和生物产业国际人才培训中心	逐步实现现代医药学和传统医药学的融合。与香港的“中药港”计划相呼应，最终形成以广州、深圳、香港为轴线的亚太地区，乃至全球具有一定影响的医药、生物技术产业集群

续表

产业基地	建立时间	定位	规模	产业方向	优势
深圳坪山国家生物产业基地	2005 年	全国首批、深圳唯一的国家级生物产业基地；深圳市生物产业核心集聚区、产城融合的现代生物科技新城	生物企业研发总投入约为 8.88 亿元，产值达 145.94 亿元，近年来产值年均增逾 30%。产业基地内深圳市生物医药创新产业园 2020 年 5 月底累计共引进了 84 家生物医药行业创新型企业	重点发展生物制药、医疗器械、生物服务等三大领域，实现从孵化到大规模生产的错位发展蓝图，与坝光生物谷优势互补、共同打造深圳东部生物板块	集中了大量生物医药、新能源和新一代信息技术公司，助力华南生物产业迅猛发展。已初步形成生物产业集群，集聚了一批以赛诺菲巴斯德、微芯生物、国药致君、信立泰、万乐药业为代表的大型企业和海内外高层人才初创企业
深圳国际生物谷大鹏新区海洋生物产业园	2009 年	首批国家生物产业基地之一；“留学生创业园”“博士后创新实践基地”	截至 2019 年上半年，入园项目 61 个，引进院士团队 3 个，国家级领军人才 1 人，成立院士工作站 3 个，创新载体共十余个，获得知识产权项目数超过 120 个（项）。计划到 2030 年，产值规模超过 80 亿元	海洋生物育种、海洋高端装备、海洋生物能源开发及海洋生物资源综合开发与利用的研发孵化功能园区	为深圳创建全国海洋经济科学发展示范市和大鹏建设“三岛一区”提供坚实的产业和科技支撑
南沙海洋科技创新基地	2014 年	“国家科技兴海产业示范基地”。海洋生物育种和健康养殖集聚区；海洋医药和生物制品集聚区；现代海洋服务集聚区	海洋医药和生物制品方面，目前已经进驻广东深蓝产业创新中心、广州南沙中山大学科技创新基地、龙沙有限公司等多家研制生物医药制品的科研机构和企业	基地定位为“广东省海洋经济综合试验区科技集聚区”，取得海洋生物育种、海洋医药和生物制品、海洋高端工程装备研制等系列海洋产业核心技术	打造高品质的现代海洋服务业，重点培育特色领域和龙头产业，做出南沙特色

续表

产业基地	建立时间	定位	规模	产业方向	优势
珠海三灶科技工业园	1999 年	创新型产业集群试点（培育）之一	聚集了倍健科技等一批创新能力强、成长性良好的科技型中小企业。累计引进生物医药、医疗企业、生产企业、药品经营、研发及医疗服务机构近百家	把生物医药、电子电器、精密制造、汽车配件产业作为园区的支柱产业重点发展	初步形成了以产业聚集形态为特征的集龙头企业、生产企业、研发中心、高校、企业孵化器、药品分销和公共服务为一体的“产、学、研、销、服”医药产业集群体系
粤澳合作中医药科技产业园	2011 年	粤澳合作产业园区的首个落地项目	以功能平台建设，带动产业发展；以中医药文化传承推广，带动大健康产业发展。形成“以大带小”的创新药物与健康产品的研发与推广集群	促进海洋生物中医药科技成果孵化、增值与转化，加速学术科研与产业生产间的创新转化	以促进澳门经济适度多元发展与推动中医药国际化为使命，整合广东中医药医疗、教育、科技产业优势及澳门科研能力和人才、旅游资源，致力于打造“中医药产业与文化一带一路的国际窗口”

资料来源：本附录关于广东海洋生物医药产业核心创新平台的介绍主要源于政府信息公开平台、各市人民政府网站、百度百科网站，经笔者整理而得。

参考文献

[1] 阿尔弗雷德·马歇尔．经济学原理［M］．彭逸林等译．北京：人民日报出版社，2009.

[2] 白福臣，林凤梅．湛江海洋生物医药产业发展研究［J］．中国渔业经济，2015，33（4）：51－58.

[3] 杜军，鄢波，冯瑞敏．我国沿海省份海洋经济效率评价研究［J］．农业技术经济，2016（6）：47－55.

[4] 樊秀峰，康晓琴．陕西省制造业产业集聚度测算及其影响因素实证分析［J］．经济地理，2013，33（9）：115－119，160.

[5] 符正平．新竞争经济学及其启示——评波特竞争优势理论［J］．管理世界，1999（3）：3－5.

[6] 付秀梅，姜姗姗，张梦启．要素配置对海洋生物医药产业发展的作用机理研究［J］．产经评论，2018，9（2）：62－76.

[7] 宫美荣，韩增林．辽宁省海洋产业集群与产业关联分析［J］．资源开发与市场，2011，27（3）：202－204，262.

[8] 顾劲松，于江，邹向阳，顾威，闫润虎．借鉴欧洲模式加快辽宁海洋生物医药研究与开发［J］．中国科技论坛，2008（2）：63－66，70.

[9] 黄林．产业集群核心价值的研究［J］．企业经济，2011（1）：15－18.

[10] 黄庆华，时培豪，胡江峰．产业集聚与经济高质量发展：长江经济带107个地级市例证［J］．改革，2020（1）：87－99.

[11] 纪玉俊，冯阔．双重政府博弈下的大国海洋产业集聚：一个理论分析框架［J］．中国海洋大学学报（社会科学版），2020（4）：77－87.

[12] 纪玉俊．空间集聚可以促进区域海洋产业的发展吗？——兼论蓝色经济区中海洋产业的集群化对策［J］．山东大学学报（哲学社会科学

版)，2012 (6)：54－59.

[13] 纪玉俊，宋金泽．我国海洋产业集聚的区域生产率效应 [J]. 中国渔业经济，2018，36 (3)：70－78.

[14] 矫萍，姜明辉，叶婉婧．长三角资本密集型制造业集聚与 FDI 的互动关系研究 [J]. 工业技术经济，2012，31 (7)：98－105.

[15] 纠手才，张效莉．东海经济区海洋产业集聚与区域经济增长关系研究 [J]. 海洋经济，2016，6 (3)：40－47.

[16] [德] 卡尔・马克思．资本论（第一卷）[M]. 北京：人民出版社，1975：389.

[17] 李红艳，王颖，李晓，孙元芹，姜晓东，刘天红，纪蕾，郑永允．基于灰色关联模型的我国海洋生物医药产业发展分析 [J]. 渔业研究，2020，42 (4)：386－393.

[18] 李明惠，雷良海，孙爱香．基于产业集群生命周期理论的政府政策研究 [J]. 中国科技论坛，2010 (10)：40－45.

[19] 李沙沙．产业集聚对中国制造业全要素生产率的影响研究 [D]. 大连：东北财经大学，2018.

[20] 刘堃．中国海洋战略性新兴产业培育机制研究 [D]. 青岛：中国海洋大学，2013.

[21] 刘琳．对外开放对广西产业集聚的影响研究 [D]. 北京：中央财经大学，2018.

[22] 柳时融．韩国的海洋产业和西海岸开发 [J]. 海洋经济，1993 (2).

[23] 马仁锋，侯勃，陈鹏，窦思敏．浙江海洋企业时空集聚区位特征研究 [J]. 浙江大学学报（理学版），2018，45 (5)：617－624，646.

[24] 迈克・E. 波特，郑海燕，罗燕明．簇群与新竞争经济学 [J]. 经济社会体制比较，2000 (2)：21－31.

[25] 苗长虹．马歇尔产业区理论的复兴及其理论意义 [J]. 地域研究与开发，2004 (2).

[26] 冉庆国．产业集群与产业链的关系研究 [J]. 学习与探索，2009 (3)：160－162.

[27] 阮光珍．高技术产业集聚成长机制研究 [D]. 武汉：武汉理工

大学，2010.

［28］税伟，陈烈．基于钻石系统的产业集群生命周期研究［J］．商业研究，2009（9）：24－26.

［29］孙剑，龚自立．产业集群成熟度模型及评价指标体系研究［J］．技术经济与管理研究，2010（S2）：120－124.

［30］孙康，张超，刘峻峰．金融集聚提升了海洋经济技术效率吗？——基于IV－2SLS和门槛回归的实证研究［J］．资源开发与市场，2017，33（5）：584－590.

［31］王猛，王有鑫．城市文化产业集聚的影响因素研究——来自35个大中城市的证据［J］．江西财经大学学报，2015（1）：12－20.

［32］王琦，陈才．产业集群与区域经济空间的耦合度分析［J］．地理科学，2008（2）：145－149.

［33］王兴元，杨华．高新技术产业链结构类型、功能及其培育策略［J］．科学学与科学技术管理，2005（3）：88－93.

［34］魏剑锋．马克思分工协作理论视角下的产业集群竞争优势［J］．中国社会科学院研究生院学报，2007（5）：65－70.

［35］吴迪．产业集聚与区域竞争力的关系研究［D］．大连：东北财经大学，2012.

［36］吴欣，魏博，陈力，王昭凯．厦门海洋生物医药产业发展分析及建议［J］．海洋开发与管理，2014，31（10）：48－53.

［37］武晓霞，任志成，姜德波，孙治宇．产业集聚与外商直接投资区位选择：集中还是扩散？［J］．产业经济研究，2011（5）：26－34.

［38］席晓宇，朱玄，褚淑贞．我国生物医药产业集群发展的资源支持力研究［J］．中国新药杂志，2015，24（4）：375－379.

［39］徐敬俊，韩立民．“海洋经济”基本概念解析［J］．太平洋学报，2007（11）：79－84.

［40］徐胜，杨学龙．创新驱动与海洋产业集聚的协同发展研究——基于中国沿海省市的灰色关联分析［J］．华东经济管理，2018，32（2）：109－116.

［41］徐质斌．海洋经济与海洋经济科学［J］．海洋科学，1995（2）.

［42］徐质斌．建设海洋经济强国方略［M］．济南：泰山出版社，

2000.

[43] 徐质斌，张莉．广东省海洋经济重大问题研究［M］．北京：海洋出版社，2005.

[44] 亚当·斯密．国民财富的性质和原因的研究［A］．亚当·斯密全集（第2卷）．北京：商务印书馆，2014：5.

[45] 杨金森．发展海洋经济必须实行统筹兼顾的方针——中国海洋经济研究［C］．北京：海洋出版社，1984.

[46] 于谨凯，刘星华，单春红．海洋产业集聚对经济增长的影响研究：基于动态面板数据的GMM方法［J］．东岳论丛，2014，35（12）：140－143.

[47] 于志洁，褚新奇．海洋生物在食品和医药工业中的应用与产业化发展思路［J］．海洋技术，1995（1）：25－29.

[48] 张立军．加快浙江海洋生物医药产业发展［J］．浙江经济，2014（8）：52－53.

[49] 张西奎，胡蓓．产业集群的人才集聚研究［J］．商业研究，2007（3）：5－7.

[50] 张秀武，胡日东．产业集群与技术创新——基于中国高技术产业的实证检验［J］．科技管理研究，2008（7）：534－537.

[51] 张座铭．中部六省产业集聚形成机制及效应评价研究［D］．北京：中国地质大学，2015.

[52] 周慧榆，白福臣．广东省海洋生物医药产业集聚及影响因素研究［J］．河北渔业，2020（7）：46－50.

[53] Fujita M，Thisse J F. Economics of agglomeration ［J］. 1996，10（4）：339－378.

[54] Gamal A A E. Biological importance of marine algae ［J］. Saudi Pharmaceutical Journal，2010，18（1）：1－25.

[55] Krugman P. First nature，second nature，and metropolitan location ［J］. Journal of Regional ence，1993，33（2）：129－144.

[56] Leary D，Vierros M，Hamon G，et al. Marine genetic resources：a review of scientific and commercial interest ［J］. Marine Policy，2009，33（2）：183－194.

[57] Midelfart – Knarvik K H, Overman H G, Venables A J. Comparative advantage and economic geography: Estimating the location of production in the EU [J]. Papers, 2000.

[58] Zaborsky O R. Marine bioprocess engineering: The missing link to commercialization [J]. Progress in Industrial Microbiology, 1999, 35 (1 – 3): 403 – 408.